NIKT
NIE JEST
BYLE
JAKI

NIKT NIE JEST BYLE JAKI

...KAŻDY JEST JAKIŚ!

Jacek Zelek
rozmawia z:
Ojcem Leonem Knabitem OSB
Szymonem Hiżyckim OSB
Ewą Landowską
Barbarą Bodziony
Łukaszem Wojtusikiem
Robertem Krawczykiem

Drogiej Eugenii
z Córkami
o. Leon
Tychy 23 XI.17

TYNIEC
WYDAWNICTWO BENEDYKTYNÓW

Projekt okładki:
Jacek Zelek

Fotografie na okładce:
Robert Krawczyk
fotokrawczyk.pl

Redakcja:
Aldona Ibek

Superiorum permissu: Opactwo Benedyktynów
L.dz. 167/2017, Tyniec, dnia 9.08.2017 r.
† Szymon Hiżycki OSB, opat tyniecki

Wydanie pierwsze 2017 r.

ISBN 978-83-7354-722-3

ul. Benedyktyńska 37, 30-398 Kraków
tel. (012) 688-52-95; tel./fax: (012) 688-52-91
e-mail: zamowienia@tyniec.com.pl
www.tyniec.com.pl

SPIS TREŚCI

KALEJDOSKOP OSÓB I MOŻLIWOŚCI

Gdyby ktoś mi powiedział kilkanaście lat wcześniej, że spotkam tak barwne osoby na swojej drodze i przeprowadzę z każdą z nich wywiad, pokiwałbym głową i postukałbym się palcem w czoło. Kalejdoskop to trafne określenie, ponieważ mamy tutaj dość szerokie spektrum tematów – od spraw duchowych, na sztuce kaligrafii kończąc. Muszę przyznać otwarcie, że strach mnie nie odstępuje, nawet teraz kiedy próbuję „naskrobać" ten wstęp. Wiem o swojej niedoskonałości w przypadku pisania czegokolwiek; ta świadomość ciągle powtarza jak echo, że nie warto, niech to wszystko zostanie w Internecie, po co wyciągać treści, które są wszystkim dobrze znane? Obawy przed odbiorem, krytyką, występują chyba u każdego, kto wydaje własną publikację... i to jest jakaś namiastka pocieszenia. Z drugiej strony powstaje pytanie: czy zrobiłem wszystko, aby wyczerpać temat i przedstawić go w godny sposób? Przynajmniej się starałem.

Przed zebraniem całości śmiałem się, że jest to taka książka, gdzie wszyscy są z jednego podwórka, czyli w jakiś sposób każdy z moich rozmówców jest powiązany z Wydawnictwem Benedyktynów Tyniec. Ewa Landowska i Barbara Bodziony to autorki podręcznika do kaligrafii „Piękna Litera"; Robert

Krawczyk jest autorem wspaniałych zdjęć, m.in. ojca Leona w czerwonych koralach i cały czas wspiera nas swoim talentem; Łukasz Wojtusik dziennikarz, współautor wywiadu „Dusza z ciała wyleciała. Rozmowy o śmierci i nie tylko"; Szymona Hiżyckiego OSB i Leona Knabita OSB chyba nie muszę przedstawiać.

Taka „rodzinna" wydawnicza atmosfera przyświeca zbiorowi moich wywiadów. Nie ukrywam, będzie o naszych projektach, pomysłach, ale moim celem jest przede wszystkim pokazanie, że warto kroczyć drogą pasji, tworzenia czegoś pozytywnego w świecie. Warto próbować, choć czasami wszyscy twierdzą inaczej. W tym wszystkim wspólnym mianownikiem jest twórcza chęć zmieniania rzeczywistości, być może tylko lokalnie, ale jak to jest w mądrym przysłowiu: *ziarnko do ziarnka...* Nie chodzi o definitywne odpowiedzi na pytania, ale pewne inspiracje, które pociągną dalej w szukaniu tych wartości, które są nam tak potrzebne. Czasami trzeba zostawić pytanie bez odpowiedzi i pozwolić mu nas niepokoić.

Każda z osób, które prezentuje w niniejszej publikacji, robi coś, w czym stara się być najlepsza. Czy to będzie specjalista od Ojców Pustyni i główny redaktor pierwszego, polskiego tłumaczenia *Filokalii*; profesjonalna pani kaligraf, świetny fotograf i dziennikarz, czy też doskonały mówca, który dzięki słowu potrafi wpływać na tysiące.

Znam wielu, którzy „oklapli": mechanizm przeplatany kieratem w wykonywaniu codziennej pracy, zdusił wszelką świeżość spojrzenia i otwartość na nowe. Kiedy pytam: *dlaczego nie zajmiesz się czymś dodatkowym, czymś twórczym?* Oni mają gotową odpowiedź: *Nie mam czasu.* I tyle, po co drążyć temat, który zamknęli lata temu. Ich strata, choć szkoda.

Moi rozmówcy, to osoby, którym się chce. Nie poddają się w zmaganiach z rzeczywistością i z walką toczoną wewnątrz samych siebie. Oni też nie mają czasu, rodzina czeka, praca wymaga, wspólnota oczekuje, każdy z nich ma swoje słabości, które raz po raz przeszkadzają. Ale powtórzę to jeszcze raz: PASJA i CHĘĆ tworzenia napędza ich talenty. Paradoksalnie to, co robią, tworzy efekt reakcji łańcuchowej – profesjonalizm i zdrowe podejście – przysparzają im coraz więcej projektów, inicjatyw. Krótko: ludzie ich potrzebują. Wiem jedno: jeżeli robisz coś z pasji, nie jest to w żadnym wypadku coś „ciężkiego", co przerasta nasze możliwości. W takim układzie jesteś w stanie wziąć na siebie jeszcze więcej, bo zwyczajnie to lubisz. Gdy patrzę na niektórych męczenników systemu, którzy prześlizgują się między kolejnymi godzinami w pracy, strach przejmuje widząc ich kondycję – ciągłe niezadowolenie, apatia, a w najgorszym razie depresja. Ale czy to takie trudne, aby znaleźć sobie jakiś niewielki przyczółek, w którym realizuję samą/samego siebie. Wydaje się, że jest to dobra praktyka – znalezienie sobie takiej twórczej przestrzeni. Może nie będzie to od razu forma zarabiania pieniędzy, ale stanie się to pewną odskocznią od codziennego mechanizmu i kieratu – dom – rodzina – praca.

Hasło: żyć w pełni stało się takim sloganem, choć teraz, gdy więcej o tym myślę, mam inne podejście i biorę je bardzo poważnie. Przez długą część życia mówiono, jak mam postępować, co wolno, a co nie wypada. Niezdrowy klosz zbudowany na cudzych opiniach. Wyjście „poza" nie jest wygodne, ponieważ trzeba stworzyć swój własny światopogląd lub też zweryfikować ten, który został nam wszczepiony. Wszystkie rozmowy, które tutaj przeczytacie, jak również i te które nie zostały opublikowane, pozwoliły mi zobaczyć pewne aspekty rzeczywistości z zupełnie innej strony. Ten, wcześniej wspomniany kalejdoskop osób i możliwości był swego rodzaju moim osobistym uzdrowieniem – jest to ciąg dalszy kuracji wychodzenia poza utarte schematy, a jednocześnie spojrzenia na tak wielką różnorodność talentów, które doskonalone przez lata, owocują wspaniałymi rzeczami, o których będziesz mógł/mogła sobie przeczytać poniżej...

Dlaczego yerba mate?

Trochę przewrotnie wspólnie z ojcem Leonem, jako osobą, z którą przeprowadziłem najwięcej rozmów, pojawiamy się na okładce, ja w podkoszulku „Przestań narzekać, zacznij żyć", Ojciec tradycyjnie w habicie, a takim łącznikiem jest yerba mate. Oczywiście jest w tym wszystkim prosta logika: koszulka ze znanym hasłem, naturalny napój, który powoduje że człowiek wychodzi ze stanu uśpienia, oraz świecki i zakonnik. Wszystkie rzeczywistości łączą się ze sobą. Osoba to połączenie tego, co fizyczne i duchowe, kiedy popada w letarg codzienności potrzebuje pewnego „zastrzyku energii", potrzebuje wyjść z ciągłego narzekania, obrzucania wszystkiego i wszystkich błotem, nieustannego niezadowolenia, w kierunku pełni życia... ponieważ nikt nie jest byle jaki, każdy jest jakiś.

Może jest to pokrętna i naciągana symbolika, jednak musisz drogi czytelniku przyjąć to jaką moją wizję całości, zwyczajnie nie masz wyboru...

Jacek Zelek // jzelek.pl

LEON KNABIT OSB

Urodzony 26 grudnia 1929 roku w Bielsku Podlaskim, benedyktyn, w latach 2001–2002 przeor opactwa w Tyńcu, publicysta i autor książek. Jego blog został nagrodzony statuetką Blog Roku 2011 w kategorii „Profesjonalne". W 2009 r. został odznaczony Krzyżem Kawalerskim Orderu Odrodzenia Polski.

Znałem pewnego
Pana weterynarza,
który mówił,
że woli leczyć
zwierzęta niż ludzi.
Bo zwierzę nigdy
nie kłamie, jak go
boli to okazuje to,
a człowiek potrafi
kombinować...
(Leon Knabit OSB)

GŁADKA SKÓRA WĘŻA...

CZY ZWIERZĘTA MAJĄ DUSZĘ?

Wiele osób pyta i zastanawia się, jaki los spotka ich kotka/ pieska czy innego milusińskiego po śmierci. Pojawia się pytanie, czy spotkamy naszych podopiecznych w niebie... Jak wygląda sprawa ich duszy? Wydawać by się mogło, że są to błahe pytania, zupełnie nieistotne, jednak problem jest i ludzie pozostają bez odpowiedzi.

Złożoność tematu wymaga skupienia się na wybranych zagadnieniach, które raczej będą oscylować wokół ogólnych pytań i opinii Ojca Leona na ten temat. Nasz przewodnik jest wielkim miłośnikiem zwierząt, czego dowiódł chociażby w kampanii promocyjnej organizowanej przez Fundację Psi Los, gdzie wystąpił w sesji fotograficznej ze znanym Fafikiem, wspierając tym akcję adopcji i przygarniania zwierząt ze schronisk.

Jacek Zelek: W domu rodzinnym w Siedlcach zwierząt raczej nie było...

Leon Knabit OSB: Styczność była minimalna. W samym mieszkaniu zwierzątek nie było. Natomiast na osiedlu pojawiały się raz po raz kotki i pieski, które mnożyły się jak króliki (śmiech). U sąsiadów, państwa Pastuszków, był suczka Leda, wielorasowa.

Przywiązanie do zwierząt „uczłowiecza".

To prawda... ileż to przypadków kiedy wierny pies/kotek odchodzi z tego świata, cała rodzina przy nim czuwa, traktuje go jako członka rodziny, wręcz powiedziałbym jak drugiego człowieka, który nieraz więcej rozumie niż się ludziom wydaje.

Słyszałem, że Ojciec lubi konie.

Podobają mi się. Raz miałem okazję podziwiać w Janowie Podlaskim *słynną* stadninę, gdzie mogłem zobaczyć, jak to wszystko wygląda. Podziw bierze, z jak wielką miłością ludzie tam pracujący podchodzili do zwierząt, widać było w tym pewną relację człowiek-zwierzę, opartą na szacunku.

Wąż boa też nie jest obcy Ojcu?

Jakiś czas temu miałem okazję węża boa trzymać na ręce (zdjęcie zostało umieszczone na moim fanpage'u). Bardzo miły, szczególnie zachwyciła mnie delikatność jego „skóry". Przekornie jednej Pani chciałem odpowiedzieć: *Skóra węża jest dużo milsza od Pani skóry*, ale nie chciałem ryzykować.

Jest też ciekawy wierszyk: „Pan Bóg jest dowcipny, każdy się przekona, bo stworzył żyrafę i Ojca Leona".

To wymyślili studenci w 1970 r. podczas rekolekcji radosnych, które, tak przy okazji, zakończyły się siłową akcją ZOMO. To były czasy, kiedy zdarzyły się te „marcowe wypadki" i tak ZOMO wtargnęło na Uniwersytet i lało pałami, gdzie popadnie. Podobno potem w rubryce „wykształcenie" mieli dopisek „jeden dzień na UJ" (śmiech).

Wziął udział Ojciec w kampanii organizowanej przez Fundację Psi Los, gdzie razem z Ojcem wystąpił piesek Fafik.

Bardzo się tym pomysłem ucieszyłem i z wielką radością wziąłem udział. Z bardzo prostego powodu: znam wielu właścicieli psów i wiem, jaką jest to dla nich wartością mieć wiernego towarzysza życia. Tym bardziej włączyłem się w akcję propagowania adopcji i przygarniania zwierząt ze schronisk. Trzeba pomagać…

W wywiadzie podczas akcji „fafikowej" powiedział Ojciec bardzo ciekawe zdanie: „ludzie, którzy lubią zwierzęta na ogół lubią też i ludzi".

To są nasi „młodsi" bracia. Trzeba tutaj starać się, aby wychowywać ludzi od najmłodszych lat do szacunku względem zwierząt, w końcu są to Boże stworzenia.

Przejmujące jest to zdjęcie, na którym Ojciec w kapturze patrzy prosto w oczy Fafikowi.

Takie powiedzmy wzajemne zrozumienie. Nie mam jakiegokolwiek wstrętu do zwierząt, lubię pieska, kotka... a nawet kurę (śmiech).

Dlaczego akurat wybrali benedyktyna do tej akcji?

Benedyktyni od zawsze żyli w harmonii z przyrodą.

Jeszcze parę lat temu w opactwie tynieckim działało gospodarstwo...

Owszem, były kury, prosiaki, krowy, część gdzie uprawiano warzywa... Stałymi bywalcami naszego ogrodu i dzisiaj są kotki, które mają wszystkiego pod dostatkiem.

Teraz już tego nie ma. Zmieniły się priorytety, nie wiem czy słusznie?

Trzeba brać pod uwagę możliwości personalne, jak i kierunek współczesnego biznesu. Nie bójmy się w tym zestawieniu użyć tego słowa „biznes”. I w gospodarstwie chodzi o pieniądze i rentowność. Poza tym opactwo tynieckie skupiło się na innych polach działalności.

Czyli gospodarstwo zwyczajnie nie było opłacalne?

Mimo że patrzymy na to z pewnym niezadowoleniem i pretensją z powodu pozbycia się pewnego ideału pracy na roli, to jednak musimy z pokorą stwierdzić, że w takich czasach przyszło nam żyć i my jako benedyktyni musieliśmy podjąć decyzję, czy nadal inwestować w krówki, świnki itd., w pewien ideał czy też rozpocząć coś, co przyniesie konkretne wsparcie dla klasztoru. Wybór nie był prosty.

Pamiętam opowieści jak to brat Bartłomiej w okresie letnim, wstawał o 3.00 nad ranem i chodził kosić trawę. Jest w tym jakaś mądrość, aby żyć w rytmie natury. Kiedy wszystko budzi się do życia, człowiek również...

W ideale benedyktyńskim przyroda jest wpisana w sam układ dnia. Ludzie przyjeżdżający do nas dziwią się, jak można wstawać tak wcześnie rano, ale tak jak wspomniałeś o tym rytmie, tutaj między zakonnikiem i naturą była jedność i pewne uporządkowanie.

Może to jest jakiś styl życia, który gdzieś po drodze zatraciliśmy?

Dawniej były świeczki, dzisiaj elektryczność wprowadziła większą swobodę i możliwości wykorzystania dnia i nocy, sami sobie odpowiedzmy, czy jest to dobre dla naszego samopoczucia. Ślęczenie do późna w nocy, a bo jeszcze można to i tamto zrobić, przeczytać coś więcej, przygotować się... Wrócić do tej jedności z rytmem natury to nie jest taki głupi pomysł, choć nie wiem czy wykonalny.

Ojciec też lubi posiedzieć do późna w nocy...

Walczę z tym jak tylko mogę, ale jest takie coś, że jak zacznę coś jednego to pojawia się kolejne, czytam artykuł, a tam kolejny link do innego jeszcze ciekawszego materiału... i tak godzina minęła. Trzeba sobie to jasno powiedzieć: nałóg. Ale mam dzięki temu materiał do pracy nad sobą.

Jeżeli chodzi o wszelkie akcje typu pomoc dla zwierząt, spotkałem się z faktem, że Pius IX twierdził jednoznacznie, że zwierzęta nie mają świadomości, dlatego wszelkie akcje w celu obrony mijają się z celem. A na przeciwległym krańcu stoją słowa Jana Pawła II: „zwierzęta są niemal tak blisko Boga jak ludzie".

Musimy cały czas pamiętać o rozwoju nauki w związku z tymi tematami, inaczej to było ponad 100 lat temu, a inaczej jest dzisiaj przy obecnym stanie wiedzy. Postęp w nauce pozwala ubogacić interpretację tekstów objawionych.

W pewnych kręgach naukowych fakt osobowości u zwierząt jest bardzo popularnym poglądem.

Ciekawa sprawa. A my ludzie potrafimy się zastanawiać w którym tygodniu/miesiącu ciąży płód to człowiek. Jakiś taki paradoks. Trzeba uważać.

Pojawia się zjawisko „zezwierzęcenia" człowieka i „uczłowieczenie" zwierzęcia.

Dzisiejsze media potrafią zrobić z tego niezłą szopkę informacyjną. Ale to prawda, jest to niebezpieczne zjawisko, i tutaj od człowieka zależy jego zdrowy stosunek do samego siebie, innych, jak i do zwierząt.

Spotkałem się z określeniem: „zwierzęta są wierne, one nie ranią tak jak człowiek".

Jest takie powiedzenie: *Im bardziej poznaję ludzi, tym bardziej kocham zwierzęta.*

Zdarzają się też ludzie „zbzikowani" na punkcie swojego pieska i kotka.

Te babcie, które ubierają swoje zwierzątka, kurteczka dla kotka, płaszczyk dla pieska. Cuda wianki. Wypaczona forma miłości. Choćby wspomnieć tutaj Violettę Villas, która zrobiła ze swojego domu przechowalnię dla kotów. Była taka piosenka: *Miał Pan Tomek własny domek, a w tym domku kotów sto...*

Jest taka ciekawa książka *Kot Dalajlamy*, czyli świat oczami kotka, który został uratowany, a który teraz opowiada, jak to jest żyć w gabinecie Dalajlamy.

Wracając na grunt rzeczywistości trzeba tutaj wspomnieć problem pewnego modelu rodziny, gdzie mamy męża, żonę i kota. Jest również kot Prezesa (śmiech).

Człowiek to również ten, który męczy zwierzęta...

To jest niedopuszczalne. Trzeba mówić stanowcze NIE wszelkim tego typu działaniom, wspomnieć tutaj: trzymanie zwierząt w nieludzkich warunkach, masowe rzezie, tuczenie. Gdyby Pius XII zobaczył to, co się dzisiaj robi ze zwierzętami, jestem pewny, że zmieniłby zdanie na temat ich świadomości i kwestii ich osobowości. To jest właśnie efektem tego „odczłowieczenia" tego, kto na to się zgadza i to wykonuje.

Tacy ludzie mają gotową odpowiedź: „to jest wszystko dla człowieka".

To jest dla ich zysku. Wtłoczenie rolnictwa, zwierząt w system przemysłowy.

Stało się normą, że człowiek wchodzi w przyrodę, próbując ją destabilizować, w myśl zasady „czyńcie sobie ziemię poddaną". Wypaczenie sensu i dobrej idei uporządkowanego świata.

Teraz mi się przypomniało *à propos* bezwstydnej ingerencji w przyrodę. Było kiedyś tak w Zakonie Kamedulskim, że aby wyciąć jakieś drzewo, trzeba było pozwolenia najwyższego przełożonego. Dlaczego taki przykład? Chodzi o wyrobienie sobie pewnego zdrowego szacunku wobec nawet jednego drzewa. Ziemia udziela nam swoich owoców, ale człowiek w swojej przewrotności potrafi zniszczyć tak dobrze przemyślany układ, oczywiście na swoją własną niekorzyść.

Słyszałem takie zdanie: „Dajcie mi konia a pokażę wam, że Bóg istnieje" i równie ciekawe sformułowanie: „Dla mnie kot to Bóg w pigułce", być może nieco przerysowane, ale dające do myślenia…

Znałem pewnego Pana weterynarza, który mówił, że woli leczyć zwierzęta niż ludzi. Bo zwierzę nigdy nie kłamie, jak go boli to okazuje to, a człowiek potrafi kombinować…

W encyklice Franciszka „Laudato Si" spotkałem się z określeniami „globalne nawrócenie ekologiczne" czy też „ekologia integralna". Bardzo celne nawiązanie do tej idei harmonii pomiędzy człowiekiem a naturą.

Zdrowe ruchy ekologiczne funkcjonują już od dawna.

Pismo Święte jest raczej bardzo skromne w temacie zwierząt.

Wiele rzeczy w naszym temacie jest pominiętych milczeniem, mamy chociażby historię Tobiasza, który wędruje z pieskiem. A tak z innej beczki, przykład: dominikanie łączą nazwę swego zakonu ze słowami *domini canes*, czyli w wolnym tłumaczeniu *psy Pana.* Kiedyś Kardynał Wyszyński mówił, że dziennikarze powinni być jak psy, które wylizują rany, a nie jak ci, którzy jątrzą i powiększają problemy.

Często zadaję sobie pytanie o sensowność istnienia np. wszelkiego rodzaju pasożytów, czy też innych „dręczących" człowieka stworzeń? Taki komar albo tasiemiec...

Nad tym się nigdy nie zastanawiałem, ponieważ niczego sensownego nie wymyślę... Jak umrę to się dowiem (śmiech).

Jakiś czas temu w mediach rozgorzała dyskusja wokół słów Papieża Franciszka, który powiedział, że dla zwierząt jest miejsce w niebie. Chwilę potem rzecznik Watykanu zdementował te słowa jako nieporozumienie. Czyżby Kościół nie chciał się jednoznacznie wypowiedzieć w tej kwestii?

Kościół jednoznacznie się nie może wypowiedzieć, ponieważ trzeba to przyznać, zwyczajnie nie wie, co będzie po drugiej stronie, czy spotkamy kotka i pieska w niebie. Możemy się tylko domyślać... Nie ma jednoznacznych podstaw do tego, aby stworzyć powiedzmy „dogmat", że zwierzęta mają duszę i zostaną podobnie jak człowiek zbawione.

Mówią, że zwierzęta mają duszę.

Jakaś dusza jest, mówią że – wegetatywna. Zaznaczam, że jest to wszystko powiedziane jako pewne hipotezy. Z obserwacji naszych milusińskich możemy przypuszczać, z dużym prawdopodobieństwem, że jest dla nich miejsce w niebie. Kiedyś zapytano mnie dowcipnie: *czy jest możliwe, żeby u Pana Boga na kolanach siedział rudy kot?* Ja odpowiedziałem, że po pierwsze nie wyobrażam sobie kolan Pana Boga, a co dopiero kota (śmiech), ale nie widzę braku szansy na to, że spotkamy nasze zwierzątka w wieczności.

Teologowie, aby rozwiązać kwestię zwierząt i życia wiecznego wprowadzają pewne „usprawnienie", mianowicie nieśmiertelność jako dar relacji z Bogiem. W takim układzie sprawa jest jasna... w niebie nie ma miejsca dla zwierząt.

Jeszcze raz powtórzę, w sprawie zbawienia zwierząt i czy mają duszę, czy nie... tego nie możemy powiedzieć jednoznacznie i konkretnie odpowiedzieć. Kościół tego nie wie. Każde przypuszczenie w tym temacie jest dozwolone, byle przypuszczenia nie uważać jako dogmat.

A więc co jest pewne?

Zwierzęta traktujemy z szacunkiem i miłością. Nie dopuszczamy się na nich przemocy. Są to prawdy uniwersalne, zarówno dla wierzących i niewierzących. Granica etyczna nie biegnie na poziomie wierzy czy nie wierzy, ale dotyka sprawy prawa naturalnego.

W zwierzętach jest pewna mądrość.

Wystarczy chociażby popatrzeć na mrówki. Książki powstają o inteligencji zwierząt, a więc powstrzymałbym się od pewnych skrajnych opinii na temat, że zwierzątka są głupiutkie, czy też definitywnie ich pozbawiać możliwości zbawienia. Zwierzę poluje tylko wtedy, gdy jest głodne, kierując się wrodzonym instynktem, a popatrzmy na człowieka – zabija dla przyjemności, dla zaspokojenia swoich chorych potrzeb.

Zwierzęta pokazują nam pewną równowagę. Chociażby sam fakt jedzenia, spożywają taką ilość jaka im jest w danej chwili potrzebna, nigdy więcej… Człowiek potrafi obżerać się bez potrzeby. Możemy się nauczyć umiarkowania.

Wielu mężczyzn mówi, tłumacząc swoje nieumiarkowanie w seksie, że on idzie za instynktem, potrafi nawet powiedzieć, że to wola Boża. Brak uporządkowania widzimy na wielu płaszczyznach.

Co Ojciec sądzi o wegetarianizmie jako zjawisku społecznym?

Jeżeli taka forma nie jest traktowana fanatycznie to bardzo proszę korzystać. Człowiek tylko zyska. Gdzieś czytałem, że zasadniczo układ trawienny człowieka jest przystosowany do trawienia roślin. Natomiast wegańska przesada i dorabianie do tego ideologii to już jest coś nie tak. Skrajności nigdy nie są dobre.

Tutaj z kolei przychodzi sprawa małych dzieci, które jak wiadomo w okresie dorastania potrzebują budulca, a tym jest bez wątpienia białko wysokiej jakości, które występuje w mięsie. Mimo to, rodzice i tak twierdzą, że wegetarianizm zapewni ich dziecku wszystkich składników, które potrzebują. Zazwyczaj kończy się to osłabieniem, anemią czy też groźniejszymi komplikacjami zdrowotnymi. I znowu niewinne dziecko cierpi...

Dobry i kontrolowany wegetarianizm nie odbiera dziecku budulca. Wiele składników zawiera to wszystko, co można spotkać w mięsie czy też podobnych produktach.

Trochę to tak jest, że wegetarianie wpadają do przysłowiowego „worka społecznej inności", patrzymy na takich ludzi z dystansem, na takich powiedzmy „dziwaków".

Ważne, żeby rozróżnić między tymi, którzy podchodzą do sprawy wegetarianizmu z głową i odpowiednim umiarem, a postawą fundamentalną, czyli dorabianiem ideologii i kroczeniem za poglądami z uporem i krzywdzeniem innych.

Lubimy szufladkować.

Akupunktura to zło, wegetarianizm to zło, bioenergoterapia również zło, i tak możemy mnożyć.

Wegetarianie mówią, że nie wolno jeść mięsa, bo tak jest w Piśmie Świętym...

A Pan Jezus jadł.

Ojciec też nie jadł.

Ale ja się nie powoływałem na autorytet Pisma Świętego.

Jak Ojciec wspomina czas swojego wegetarianizmu?

Był to bardzo dobry okres, kiedy w kontakcie z lekarzem, mogłem dzięki takiej kuracji poprawić swój stan zdrowia. Kameduli też nie jedzą i żyją...

Ile taka kuracja trwała?

11 lat bez mięsa, kawy, słodyczy... dlatego tak wyglądam (śmiech) W żaden sposób te kilkanaście lat nie osłabiło mnie

ani pod względem fizycznym, ani umysłowym. Nawet jak byłem u Papieża, to mimo że podawali mięso, ja poprosiłem o jajecznicę.

Z Biblii powstał tzw. post Daniela. Można wspomnieć tutaj tradycję późniejszą, czyli post św. Hildegardy.

Wszelkie formy, który są jak najbardziej słuszne, aby uporządkować człowieka pod względem „żołądkowym". I wszystkie te kuracje odbywają się pod czujnym okiem doświadczonego prowadzącego. Mamy to doświadczenie w opactwie tynieckim, gdzie dr Alfreda Walkowska (założyła Polskie Centrum św. Hildegardy) prowadzi tygodniowe rekolekcje z postem św. Hildegardy. I co ciekawe, zawsze jest pełen „zestaw" uczestników. Ludzie potrzebują pomocy dla swojego ciała, dlatego warto zwrócić się do specjalistów. W zdrowym ciele zdrowy duch.

Przeczytałem kiedyś pytanie jednej z Ojca czytelniczek: „czy to grzech, jeśli ja i mój syn nie jemy mięsa i ryb"?

Ktoś coś powie, czasami i ksiądz, a ludzie potem wierzą i ze strachem podchodzą do kwestii wegetarianizmu. Trzeba spojrzeć na to z szerszej perspektywy, a nie opierać się tylko na jednej książce i jednej opinii. To tak samo jest z pytaniem *czy mój Fafik będzie ze mną w niebie?* Nikt tego nie może jednoznacznie stwierdzić. Jest taka szansa, że będzie tak jak myślimy, że wszystkie stworzenia spotkamy po drugiej stronie, ale cały czas są to domysły. Nie wiemy, co będzie. Musimy poczekać na *nowe niebo i nową ziemię*, wtedy będzie wszystko jasne.

Wszystkie nasze refleksje możemy sprowadzić do pojęcia umiaru.

Dokładnie. Jak już wcześniej wspomniałem wszelkie skrajności nie prowadzą do dobrego. Mądre i roztropne korzystanie z dóbr naturalnych będzie z korzyścią obopólną dla wszystkich. Może to będzie zbyt odważne zdanie, ale sądzę, że nie powinniśmy się martwić tym, co będzie po drugiej stronie, czy w niebie zobaczymy rudego kota, żyrafę czy też ulubionego węża; zadbajmy o to, co jest teraz, starajmy się wychowywać młode pokolenie w poszanowaniu przyrody, stwórzmy już tu na ziemi „niebo" dla naszych fafików i innych milusińskich.

Dziękuję za rozmowę.

ŚWIĘTOŚĆ NIE POLEGA NA JAKOŚCI BUTÓW

BYĆ CELEBRYTĄ...

Na *katocelebrytyzm* można spojrzeć z różnych stron. Jak z każdym nowym zjawiskiem, i w tym przypadku ambiwalencja zalet, wad i poglądów nastręcza wielu problemów. Granica między autentycznym głoszeniem a zwykłym dorobkiewiczostwem jest dość cienka i płynna. Wiele autorytetów nie wytrzymuje obciążenia odpowiedzialności. Odchodzą... Zostają najlepsi, a może najbardziej oddani pewnej idei i walce o lepszą rzeczywistość.

Ojciec Leon odpowiadał na wiele pytań, doświadczył wielu sytuacji na przestrzeni ponad sześćdziesięciu lat kapłaństwa. Spotkał tysiące osób na swojej drodze, udzielił setek wywiadów, tak dla prasy, jak i dla telewizji. Jaka jest jego wizja bycia celebrytą? Co jest najistotniejsze w tym całym zjawisku? Czy potrzebujemy w Polsce kolejnych showmanów?

Jacek Zelek: Czuje się Ojciec celebrytą?

Leon Knabit OSB: Mówiąc szczerze, śmieję się z tego... Jak to mawiał o. Bernard Turowicz, tyniecki benedyktyn, kiedy pewna kobieta powiedziała mu: *ja ojca bardzo lubię*, usłyszała odpowiedź: *mnie to zupełnie nie przeszkadza* (śmiech). Potwierdzam te słowa.

Jak to się stało, że Ojciec trafił do telewizji?

Zaczęło się od tego, że jako katecheta, z mikrofonem przy buzi, w czasach, kiedy wprowadzano reformę liturgiczną (lata 1962–63), uczyłem dzieci, jak się modlić. Zaznaczam, był to okres, kiedy w Kościele przechodzono z języka łacińskiego na polski. Już wtedy zacząłem się oswajać z mikrofonem. Początkowo, jak już mówiłem, były to komentarze do nabożeństw w parafii tynieckiej. Z biegiem czasu proszono mnie coraz częściej o komentowanie nabożeństw diecezjalnych, na Skałce, na Jasnej Górze, czy podczas pielgrzymki papieża Jana Pawła II na Błoniach, przygotowując duchowo pielgrzymów na przyjęcie naszego rodaka.

Kolejnym punktem był program ukazujący ideał rodziny. Aby pokazać całe spektrum możliwości, organizatorzy zaproponowali również pokazanie rodziny zakonnej, i padło na opactwo tynieckie. Ekipa przyjechała do nas, wpadli na rekreację, filmowali gospodarstwo, modlitwy itd. tak żeby ukazać aspekty życia rodzinnego, szczególnego, bo monastycznego. Te wszystkie klipy trzeba było połączyć z żywym słowem, dlatego ówczesny ojciec opat posłał mnie razem z ojcem Włodzimierzem, aby poprowadzić całość. A jako że krążyło przekonanie, że *ojciec Leon nie boi się wystąpień, a więc nie będzie się bał kamery*, stąd moje zaangażowanie w mediach, co jest prawdopodobnie pokłosiem moich publicznych wystąpień. I wtedy, z początkiem lat dziewięćdziesiątych, w telewizji powiedzieli mi, że mam *medialną twarz*: „my ojca odpowiednio przygotujemy i wykorzystamy w publicznej telewizji".

Przy okazji spotkań autorskich, kiedy rozpocząłem publikować również w wersji książkowej swoje opinie i refleksje, co rusz pojawiały się różne propozycje od lokalnych telewizji, które łase na *ciekawy kąsek w postaci ojca Leona* rejestrowały moje słowa, i tak to szło w świat.

I zaczęło się. Talk-show „Ojciec Leon zaprasza", czyli spotkania ze znanymi ludźmi kultury i show biznesu. Wystarczy wspomnieć tutaj rozmowę z Liroyem, wtedy buntownikiem, dzisiaj przykładnym obywatelem; czy też wymianę zdań z Jurkiem Owsiakiem.

Po odcinku, gdzie gościłem Liroya, otrzymałem wiele głosów oburzenia. Musiałem wszystko wyjaśniać, co i jak, ale mile to wspominam jako naprawdę ciekawe wydarzenie. Szczególnie, kiedy do dyskusji włączyła się pani Bigosowa, góralka z krwi i kości, powiedziała: *Panie, napiscie mi, Panie, taką piosenkę, tak specjalnie dla mnie, ino bez tych kur...ów* (śmiech).

Ale zachowywał się kulturalnie...

Bardzo. Odpowiadał bardzo spokojnie. Czasami opinia o kimś (w tym przypadku chodzi o Liroya) wyprzedza samą osobę, która nie do końca musi być taka, jak kreują ją media. Z jednej strony buntownik, owszem, ale nie tylko. Trzeba popatrzeć nieco szerzej, bez zawężania rzeczywistości. Choć zdarzyło się nie tak dawno, że Robert Biedroń uciekł z programu.

Ten Biedroń?

Tak, prezydent Słupska. We wspólnej rozmowie o rodzinie, gdzie brali udział Franciszek Kucharczak z Gościa Niedzielnego i Katarzyna Zarzycka, pedagog. Po względnie ostrej wymianie zdań pan Biedroń wstał i wyszedł. Zarzucał nam operowanie stereotypami. Po tej debacie w Gościu Niedzielnym pojawił się cały artykuł, gdzie pisano: *Panie Biedroń, nie jest Pan dyskryminowany, może mieć Pan rodzinę, żonę i dzieci, nikt Panu tego nie broni, a że Pan nie chce, to już Pana sprawa...*

Interesuje mnie spotkanie z Jurkiem Owsiakiem.

Było bardzo krótko i sympatycznie. Była rozmowa o radości i świętości, ale w tym wszystkim wydaje mi się, że nie wykorzystał tego, co dobrego robi. Pamiętam, że wywiązała się kiedyś kłótnia między nim a jedną redaktorką, która zapytała go konkretnie, czy jakaś część pieniędzy z WOŚP idzie na Woodstock. Był krzyk i brak konkretnych odpowiedzi ze strony pana Owsiaka.

Teraz trochę przewrotnie: jeżeli pojawiłoby się zaproszenie Ojca do programu Kuby Wojewódzkiego, przyjąłby Ojciec?

Nie miałbym chęci wystąpienia w takim programie. Opinie, jakie o nim słyszę, nie napawają mnie sympatią do tego typu rozmów. Niech go Pan Bóg ma w swojej opiece. Z kolei bardzo sobie chwalę możliwość rozmowy w programie pana Wojciecha Jagielskiego, który z dociekliwością drążył temat dnia. Fajny gość.

Jakiś czas temu w mediach narodziło się nowe określenie: „katocelebryta".

Nie słyszałem… na szczęście. To coś w rodzaju *katoli*?

Jest to bardziej pozytywne określenie. Wobec fali antyklerykalnych wypowiedzi (Palikot, Nergal itp.) spora ilość znanych osobistości mediów, sportu i sztuki zaczęła głosić swoje przekonania religijne.

Słusznie, piękna postawa. Trzeba bronić naszych korzeni.

Cezary Pazura wystąpił w TV Trwam, szerokim echem rozniosła się akcja „Nie wstydzę się Jezusa", choć w tym przypadku nie obeszło się bez skandalu… z Agnieszką Radwańską.

A tak, teraz przypominam sobie. „Nie wstydzę się Jezusa", a Radwańska chwilę później nie wstydziła się swojego ciała. Ja do niej napisałem, publicznie na blogu: *pamiętaj, Twoje sukcesy są zależne od Pana Boga.* Żyj w zgodzie z Bogiem, a wszystko będzie na swoim miejscu.

Bolesny jest fakt tego rozdźwięku między tym, co się głosi publicznie, a tym, jakie wartości naprawdę się wyznaje. Łatwo powiedzieć „Nie wstydzę się Jezusa" z pięknym uśmiechem do aparatu, a potem nie mieć problemu z uczestnictwem w nagiej sesji zdjęciowej.

Ten smutny rozdźwięk widzimy też wśród duchowieństwa. Mimo formacji i, wydawać by się mogło, jasnego i konkretnego kierunku drogi dla duchownych, są, jak to pokazuje życie, skoki w bok. Tym bardziej będzie to występowało wśród ludzi świeckich. Słowo i czyn nie zawsze idą w parze. Nie powiem nic nowego, potrzeba w tej sytuacji dużo cierpliwości i dużo modlitwy. Ilekroć trafiam, gdzieś w Internecie, na półnagie panienki, zwyczajnie odmawiam za nie „zdrowaśkę". Jedni krytykują, wyzywają, drudzy oblizują się ze smakiem.

A ja pytam, kto się za takie osoby modli? Kto poświęci dla nich choćby tę przysłowiową „zdrowaśkę"? Może jest to tak naprawdę nieszczęśliwa kobieta, która nadrabia miną i swoim ciałem, kto wie... Niektóre kobiety mają to do siebie, że oscylują pomiędzy dwoma skrajnościami – przesadną skromnością a zupełnym brakiem granic moralnych. Lekarstwem jest przekonanie o swojej wyjątkowej osobowości. Wtedy, już po spojrzeniu i rozmowie, można stwierdzić, że to jest ktoś i nie ma potrzeby eksponowania wszystkich swoich wdzięków. Wtedy to, kim ona jest, staje się najważniejsze. Niestety, kompleksy niszczą ten układ...

Ale Radwańskiej nie brakuje niczego. Ma wszystko. Skąd takie zachowanie?

Tego nie wiem, dlaczego tak jest. Trzeba z nią rozmawiać.

Jednak wiążąc się z jakimiś ideałami, w tym przypadku chrześcijańskimi, podejmuje się odpowiedzialność.

Nie chcę tutaj odpowiadać za kogoś. Patrzę swego nosa (śmiech) i staram się, jak tylko mogę, świadczyć o tym, czym żyję. Uważam, że jak Pan Bóg mnie trzyma osiemdziesiąt siedem lat już na tej ziemi, to jednak chce, abym się nawrócił do końca.

A nie jest tak, że jakaś część „katocelebrytów" swoją „wiarę" chce wykorzystać w celach czysto materialnych?

Ja jednak patrzyłbym na samo zjawisko z optymizmem. Proszę zobaczyć, ilu jest tych nawróconych, znanych postaci, które świadczą swoim życiem i prowadzą się przykładnie. Czasami nie potrzeba wielu słów, czyny są tym motorem, dzięki któremu wszystko idzie ku górze, ku dobru, i ewangelizacja życiem staje się możliwa. Trzeba to powiedzieć, że o dobrych stronach mówi się mniej, bardziej słuchamy tego, co szwankuje.

Wszystkie te ciemne strony, te rozdźwięki między słowem a czynami, to ewidentnie działanie złego, szatana. On jest oskarżycielem, który mówi: *udajesz boga, a popatrz jaki jesteś...* Z kolei Jezus mówi: *popatrz, jak ja Cię kocham.* Walka odbywa się na tej właśnie płaszczyźnie.

„À propos" działania szatana, parę lat temu pojawił się nagłówek w „Tygodniku Powszechnym": „Egzorcyści-celebryci". W artykule zaznaczono problem robienia show z bardzo delikatnej kwestii, jaką są opętania. Według niektórych opinii egzorcyzmy stały się kolejnym produktem, okazją do tego, by się wybić. Demon pychy czyha...

Nie przesadzałbym. Jest to kolejna prowokacja i czepianie się. Jeszcze raz wrócę do sprawy, że trzeba na to też spojrzeć z pozytywnej strony. Wobec powszechnej dewaluacji roli, a wręcz negacji istnienia szatana, ci, jak to określiłeś „egzorcyści-celebryci", pokazują ludziom, że to nie bujda, bo szatan faktycznie jest i działa, czego efektem są opętania. U nas w Tyńcu było takich kilka przykładów... Media pokazują tylko jedną ze stron, a tutaj konieczny jest obiektywizm. Owszem, jest pokusa pychy, ale uważajmy, żeby nie wylać dziecka z kąpielą. Ostrożnie też z uogólnianiem. Węsząc ciągle jakiś problem, nigdy nie zaznamy spokoju.

Wydaje mi się, że taka zadra w spojrzeniu na bycie celebrytą wśród duchownych pojawiła się od czasów „imperium" ojca Rydzyka.

A ile powstało na jego temat kłamstw: raz przejechał się maybachem, powstał z tego wielki krzyk. Zarzucili mu, że posiada helikopter. Cuda wianki. Same kłamstwa.

Dochodzimy do kwestii wizerunku polskiego duchownego w oczach Polaków. Wychodzi na to, że chcemy, aby była to postać „biedaczyny". Jedno jest ważne, żeby nie miał więcej niż przeciętny obywatel.

Poświęciłem kiedyś znajomej pani pomieszczenie jej firmy. Tak z ciekawości zapytałem, ile kosztuje takie nowe cudo – jej samochód. Ona na to, że około dwieście trzydzieści tysięcy złotych. Z drugiej strony, jadę z jednym z biskupów, pięknym samochodem, myślałem w duchu, że będzie wart ze trzysta tysięcy co najmniej, bo, jak wiadomo, biskupi to „pasibrzuchy" według opinii wielu. Jak się potem dowiedziałem, wart był osiemdziesiąt tysięcy. Proszę popatrzeć na różnicę. Musimy walczyć z pewnymi obiegowymi mitami, które krążą między ludźmi. Średnia zarobków *nieźle zarabiającego* Polaka jest wyższa od biskupa, a więc nie narzekajmy i nie rozrzucajmy tu i ówdzie kłamstw, które nie są poparte konkretnymi informacjami.

Nie da się ukryć, że przyjął się model Kościoła pazernego...

Z kolei codziennie Kościół żywi około pięćset tysięcy ludzi. Co daje nieporównywalnie więcej od akcji WOŚP, ale o tym się publicznie nie mówi. Sięgnijmy po konkrety, a dopiero potem wydawajmy sądy.

Dochodzi do pewnego paradoksu. Papież Franciszek chce Kościoła ubogiego, sam zrezygnował z pewnych zewnętrznych oznak swojej godności... i masz, Wojciech Cejrowski zarzuca papieżowi, że ten nie nosi czerwonych papieskich butów. Jakiego my chcemy Kościoła?

Wojciech Cejrowski na szczęście nie jest całą Polską. Każda rzeka ma swoje głębie i mielizny. Bardzo lubię pana Wojciecha, szanujemy się nawzajem. Ma prawo do własnej opinii, ale nie musimy go słuchać, nawet wtedy, gdy czytamy nagłówki *Cejrowski zmasakrował Papieża.* Umówmy się na jedno: świętość nie polega na jakości butów (śmiech).

Musimy wystrzegać się takich osądów. Media lubią mącić wodę i wyciągać z niej swoje ryby antyklerykalne. To jest jawna walka z Kościołem, ale naszym zadaniem, tych *katocelebrytów*, jest odpieranie tych ataków.

Wrócę jeszcze do tematu ojca Rydzyka, ponieważ ciekawi mnie Ojca zdanie na temat tego dzieła, jakim jest Radio Maryja i samo zjawisko, z polaryzacją poglądów na jego temat.

Strona religijna jest jak najbardziej w porządku. Nawet sam biskup Pieronek mówił: *wierzę, że Radio Maryja wyewoluuje.* Odpadną te niepotrzebne dodatki, a pozostanie samo dobro. Rozmach całej inicjatywy napawa wielkim optymizmem, nowi, młodzi ludzie są kształceni, kompleks naukowy ciągle ulega rozbudowie. Wszystko idzie w jak najlepszym kierunku.

Coś podobnego było z „Tygodnikiem Powszechnym", który gdy zaangażował się w Unię Wolności, stracił od razu trzy czwarte czytelników. Podobnie i w przypadku ojca Rydzyka, kiedy związał się z pewną opcją polityczną. *Zaraz znalazł zajadłych przeciwników.*

Dzięki takim posunięciom, tworzy się pewne hermetyczne środowisko, jak to pięknie określamy, „Kościół ojca Rydzyka", „Kościół toruński", „krakowski" itp.

Chyba większość biskupów jest jak najbardziej za Radiem Maryja. Nie dzielmy tak definitywnie.

Z kolei, zgodnie z tą teorią izolacji, mamy do czynienia u ojca dyrektora z zasadą, że nie występuje on w innych mediach, tylko na łamach tego, co sam stworzył.

Przepraszam bardzo, ale to mniej więcej jest tak, jak w przypadku partii komunistycznej, która raczej nie będzie promowała w swoich mediach ideałów katolickich. Trzeba mieć zasady. Ilu biskupów przyjeżdża do Torunia, choćby spojrzeć na relację z różnych uroczystości. Gdzie tutaj izolacja?

Ale pojawia się język nienawiści.

Gdzie? Jakieś przykłady?

Precyzując, pod językiem nienawiści rozumiem również doczepianie pewnych, czasami subtelnych nawiązań do polityki. Jeśli chodzi o przykłady, to chociażby sprawa z Giertychem. Najpierw wielki „pupil" ojca Rydzyka, a potem jeden z wrogów, co zbiegło się z jego zniknięciem z mediów.

Pan Roman został teraz wielkim obrońcą wszystkich liberałów. Przemiana Giertycha jest tutaj powodem.

Wszyscy przemijają, a Rydzyk zostaje…

A to prawda (śmiech). Gdyby nie te wariackie i emocjonalne wypowiedzi, te ataki skierowane w Toruń, mielibyśmy dzisiaj ład i pokój. A tak mamy, co widać. Że sięgnę do przeszłości, kiedyś mówiono za komuny, że jak kapłan głosił płomienne kazanie, od razu naskakiwali na niego, że miesza się do polityki. Odpowiedź: *Ja tylko głoszę Ewangelię*, wywoływała reakcję: *Tak? Wy każde zdanie Ewangelii potraficie obrócić przeciwko nam*. Podobnie i tutaj, w przypadku ojca Rydzyka, media wszystko upolityczniły.

Był czas heretyka Natanka, a z drugiej strony piękne świadectwo księdza Kaczkowskiego.

Ksiądz Natanek ku naszej radości przycichł. Natomiast ks. Kaczkowski zmarł po zrobieniu dobrej roboty, co widać po owocach, jakie jego świadectwo wydaje.

Zadziwiający fakt, że jeden człowiek (mowa o ks. Natanku) potrafi zrobić tak paskudną robotę. Wystarczy wspomnieć tutaj jego wypowiedzi o medaliku św. Benedykta, gdzie doszukiwał się wszędzie symboli masońskich, a wręcz szatańskich. Pomieszanie z poplątaniem… nie mówiąc już o kwestii spornej IHS czy PAX.

Coś podobnego. Ciekawa sprawa, Chrystus, który mówi, że jest Pokojem, a XVI-wieczny, wymyślony przez jezuitów, skrót IHS. Wystarczy tylko porównać, co było pierwsze (śmiech).

Mimo to ludzie ciągle twierdzą, że benedyktyni zastąpili słowo Jezus słowem PAX.

Trzeba tłumaczyć. Trudno. Jedni kopią dołki, my je musimy zasypywać.

Wychodzi na to, że duża część wiernych ma bardzo powierzchowną wiarę.

Z bólem trzeba to przyznać, że panuje wśród nas (*nas*!?) ignorancja. Brak chęci poszukania głębiej, sięgnięcia do Pisma Świętego... Bazujemy na niesprawdzonych opiniach, budując obraz Kościoła, który może się okazać fałszywy. Nie ma głupoty, której by ludzie nie przyjęli.

„Katocelebryci" dzielą się na dwie grupy: dorobkiewiczów i autentycznych świadków.

Konkretnie. Bez konkretów to się idzie za mediami. Sięgając do początków, mamy Judasza, który poszedł „za kasą". Tajni współpracownicy SB. Jeden z drugim, którzy opuścili stan duchowny, wcześniej zakładając rodzinę...

Jest jakiś sposób na oczyszczenie tego rozdziału między słowem a czynami?

Bardzo prosta rada: wrócić do Pana Boga. A konkretniej: jak to już mówiłem, nie zamiatać zła pod dywan. Stanąć w prawdzie, przyznać się, nabrać pokory i wrócić na właściwe tory. Jeżeli jest otwartość do rozmowy, wtedy jest szansa. Ale są tacy, którzy już swoją postawą mówią: *podejdź tylko, a dam ci w mordę*. To tak jak z alkoholikiem: na siłę nic nie zdziałamy, dopiero jeżeli będzie u niego szczera chęć zmiany, wtedy można rozpocząć proces oczyszczenia.

To, co zauważyłem, przynajmniej w tych środowiskach kościelnych, liczą się SŁOWA, jakie kierują do ludzi duchowni. Choćby wspomnieć tutaj wyjątkowe postacie jak biskup Ryś, ojciec Szustak, ks. Kaczkowski, i tak dalej.

Ale ludzie również widzą oddanie, jakie prezentują ci autentyczni świadkowie Słowa. Bezwzględne oddanie pewnej idei, za którą idą tysiące... To jest moc.

Mają jeszcze wyjątkową zdolność, podobnie jak Ojciec, tłumaczenia trudnego języka Biblii i teologii na język powszechny, który zrozumie każdy.

To prawda. Też staram się.

Człowiek głodny jest dobrych i przemyślanych słów.

Ostatnio widzę, że sporo jest o abp. Jędraszewskim, bp. Hoserze. Mądrze mówią. I to jest konkretna nadzieja, na to, że Kościół idzie w dobrym kierunku. Może proporcjonalnie jest to niewielu duchownych, którzy ciągną całość. Ale lepiej to, niż nic. Należy się cieszyć i nie popadać w skrajny, często nakręcany przez media, pesymizm.

Z tego wszystkiego rodzi się szacunek…

…do wiernych.

I do samych „katocelebrytów".

Ostatnio słyszałem zatrważającą statystykę, w Bydgoszczy. W parafii katedralnej 11% ludzi chodzi do kościoła, z kolei w Rwandzie 80%. Pytam: a więc gdzie są tak naprawdę potrzebne misje? Paradoks, ale pokazuje pewne zjawisko. Kryzys słowa? Brak przygotowania? Niechęć? Zmęczenie? Wygoda? Pytań jest sporo, ale odpowiedź krąży w sumieniu każdego kapłana, na którym spoczywa odpowiedzialność. To on jest tym, który nosi Słowo i je również przekazuje, ale jak? Przemówieniami politycznymi? Czy też głoszeniem zdawkowych frazesów bez sięgnięcia do głębi i istoty Ewangelii? Jeżeli nie wybierzesz Chrystusa, to zgłupiejesz (śmiech). Na początek osobisty kontakt, relacja z Jezusem, a potem możesz się bawić w *katocelebrytę*. Taki jest kierunek na dzisiaj.

Jedni ciągną w górę wiernych, a drudzy ściągają w dół.

To prawda. Przykład: po ŚDM wielu młodych w parafiach siłą rozpędu angażuje się w coraz to nowe inicjatywy. Serce rośnie, bo to właśnie młodzi duchem potrafią przemienić Kościół od wewnątrz, a przy okazji zawstydzą tych duchownych, którzy jakoś stracili autentyczny zapał ewangeliczny.

W przypadku tych drugich, trzeba konkretnie ich nazwać: współcześni Judasze. Nie ma się co oszukiwać, robią krecią robotę, na pięknym polu obsadzonym kwiatami. I wielu ludzi potyka się przez nich i upada, często nie z własnej winy, i to jest dramat.

Ale ciągle jest mało tych autentycznych świadków, konkretnych ludzi z konkretną nauką.

Trzeba się na początek modlić. A potem prosić, nalegać, a wręcz żądać: *Księże proboszczu, nie ględź! Księże prałacie, żyjcie tak, jak nauczacie.*

Dziękuję za rozmowę.

Przestać narzekać i zacząć żyć, adresujemy właśnie do tych, którzy wiecznie są niezadowoleni, tak by odnaleźli radość z posiadania tego, co się już ma i by dobra materialne i duchowe umieli pomnażać w zdrowy sposób, zrywając z tworzeniem atmosfery w stylu: źle było, źle będzie w Polsce, zawsze i wszędzie, oprócz nas, wszyscy są w błędzie (Leon Knabit OSB)

„CO TWOJE, TO MOJE, A CO MOJE, TO NIE RUSZ” JAK WALCZYĆ Z „CHOROBĄ NARZEKANIA”?

W JAKI SPOSÓB ZACZĄĆ ŻYĆ W PEŁNI?

Duma i chluba narodowa, czyli krótko mówiąc, Polak narzekający. „Cnota”, która przylepiła się do nas, tak jak do Rosjan określenie pijaków. Wieczne niezadowolenie: ciągle jest źle, wszystko beznadziejnie. Polityka nie taka, jak być powinna, gospodarka upada, zarobki złe, Kościół ciągle chce, a nic nie daje... Puste frazesy rzucane przy spotkaniach rodzinnych i dyskusjach po kilku głębszych – można by się pokusić o określenie „klasyka”: nic nowego pod słońcem. Cały czas to samo, błędne koło.

O wadach narodowych, które oscylują wokół pojęcia „kompleksy”, niezwykle ciężko rozmawiać i zachować względny obiektywizm. Zawsze jest zagrożenie przekroczenia pewnej cienkiej granicy oceny. Dlatego chciałbym o tych kwestiach porozmawiać z ojcem Leonem. Celem tej rozmowy jest próba odpowiedzi na pytania: Gdzie szukać źródeł mentalności wiecznie narzekającego Polaka? Czy jest jakiś sposób, złoty środek, na „chorobę narzekania”? Jak zacząć żyć w pełni?

Jacek Zelek: Próbując zrozumieć zjawisko narzekania w polskiej mentalności, chciałbym cofnąć się w czasie, do lat trzydziestych, i zapytać, jak wyglądała sytuacja materialna w ojca rodzinie?

Leon Knabit OSB: Luksusów nie było, ale to, co mieliśmy, to było takie *optimum*, które zupełnie wystarczało. Skromne życie rodziny listonosza. Nie było narzekania, zarówno w domu rodzinnym, jak i w otoczeniu. Wręcz przeciwnie, widać było taką ludzką tendencję KU DOBREMU. Pamiętam, że często się przeprowadzaliśmy, ponieważ tatuś chciał, żeby było nam jak najlepiej. I zawsze spotykaliśmy się z życzliwością.

Widzę w tym wszystkim pewną pedagogię – posiadaliśmy tyle, ile nam było potrzeba, dzięki czemu ustrzegliśmy się przed pędem ku temu, co materialne, a co w prostej linii prowadzi do kultu pieniądza. Gdy pojawiały się chwile, kiedy było czegoś więcej, pojawiała się zwykła radość i szacunek do tego, co nam było dane. Bez postawy: *a może by tak więcej...*

Nigdy nie byłem wychowany w klimacie narzekania pod żadnym względem. Nie pamiętam, żeby był kiedyś moment jakiegoś „jęczenia" na zły los, czy coś takiego. Jedynie za czasów okupacji, kiedy Niemcy okupowali Polskę, każdy starał się, jak tylko mógł, pokrzyżować im plany, każdy na swój sposób (tajne komplety, gazetki, a także uczestniczenie w Mszach św., często utrudnione, bo wiele kościołów było zamkniętych).

Przyszedł czas, że tatusia Niemcy zaaresztowali i rozstrzelali w Warszawie. Mamusia starała się nam zapewnić wystarczające warunki do życia. I NIGDY NIE NARZEKAŁA. Była bardzo zaradna, pracowała, handlowała. Pamiętam, że więcej było radości i satysfakcji, gdy się udało znaleźć (dostać, kupić, wykombinować) coś z żywności czy z odzienia. Głodu nie cierpieliśmy. Teraz z perspektywy czasu widać, jaki to był ogromny wysiłek, ale jednocześnie wysiłek w rozwoju osobowościowym. I powtarzam, nie było miejsca na narzekanie, nikt o tym nie myślał.

Kiedyś opowiadał ojciec przejmującą historię z lat młodzieńczych, w której to mamusia kupiła ostatni kawałek mięsa w sklepie…

Mamusia miała cudowną cechę – dzieliła się z każdym, wszystkim – tym, co tylko mogła. I wracając do tej historii z kawałkiem mięsa… Mamusia wchodzi do domu, zadowolona, bo będzie co *włożyć do garnka*, ale jednocześnie pojawił się smutek i głęboka refleksja: *ale dla tej pani, która stała po mnie w kolejce już zabrakło*. Anty-narzekanie. Dopóki jest w człowieku ta refleksja, to jest zupełnie dobrze.

Druga historia to z kolei skrajny obraz biedy, jaka panowała po wojnie. Wspominał Ojciec, że mamusia, wracając rano z rezurekcji w Święta Wielkanocne, wstąpiła do pani,

która pomagała jej w praniu, żeby złożyć życzenia jej rodzinie – wróciła do domu wstrząśnięta. Mieli na śniadanie wielkanocne chleb razowy zalany wrzątkiem i posypany solą. Gdy się słucha takich opowieści, ciarki przechodzą…

Tak było w wielu domach, to jest fakt. Dzisiaj też mamy do czynienia ze skrajną biedą. Wielu ludzi nie dojada, braki materialne nigdy nie przestały istnieć. Nie wchodzimy tutaj w kwestie: czy jest to bieda zawiniona, czy nie… Nie mnie to oceniać.

Polska duma i cecha narodowa – narzekanie.

Nie tak dawno na Targach Wydawców Katolickich w Warszawie pewien człowiek pytał mnie, jak tutaj nie narzekać: żona go zostawiła, jest bezdomny, nie ma nic. Trudna sytuacja. Wielu jest takich: mają wszystko, co dusza zapragnie, ale chcą więcej. Narzekają niezależnie od tego, co mają.

Za komuny spotkałem się z rodziną, która rzeczywiście miała trudne warunki bytowe, ale jednocześnie jej członkowie mieli talent do narzekania. Nie ma wystarczających środków na konieczne remonty domu, na żywność, na odzież i na inne konieczne rzeczy. Spotkałem się z nimi po latach, już po zmianie. Widać było, że się dźwignęli. Pytam, jak tam? – Bieda proszę ojca, bieda. Mamy dwa samochody, a przydałby się trzeci dla Beaty i nie ma na niego pieniędzy. Jeszcze raz powtórzę: są tacy ludzie, do których narzekanie jest przyczepione jak cień, czy też bardziej wulgarnie, *jak rzep do psiego ogona* (śmiech). Dlatego to wyzwanie, aby przestać narzekać i zacząć żyć, adresujemy właśnie do tych, którzy wiecznie są niezadowoleni, tak by odnaleźli radość z posiadania tego, co się już ma i by dobra materialne i duchowe umieli pomnażać w zdrowy sposób, zrywając z tworzeniem atmosfery w stylu: *źle było, źle będzie w Polsce, zawsze i wszędzie, oprócz nas, wszyscy są w błędzie.* Pesymiści też mają swoje hasło, jeszcze z czasów realnego socjalizmu: *Same durnie są u steru, od komuny aż do kleru.*

Wchodząc jeszcze głębiej: źródeł narzekania możemy się doszukiwać w nieokiełznanej chciwości. Celnie ojciec kiedyś określił, że walka z chciwością to postawa, żeby zwyczajnie nie być świnią...

Kiedyś się mówiło dowcipnie, że świnia mówi do swoich prosiąt: *nie bądźcie jak ludzie, zachowujcie się, jak przystało na świnie.* Chodzi o to, żeby postawić „bardziej być" przed „bardziej mieć", a u nas w Polsce jest na odwrót, nastąpiło jakieś odwrócenie biegunów wartości, które są istotne. Popatrzmy na afery korupcyjne: zwyczajna, dzika chciwość, cały czas mało i mało... i jeden z drugim narzeka, że ciągle ma nie dość na swoim koncie; i z tego narzekania chcą wyjść w sposób niegodziwy, ze szkodą dla obywateli.

Jak to jest powiedziane w Piśmie Świętym: *korzeniem wszelkiego zła jest chciwość pieniędzy.* Pornografia, narkotyki – tak naprawdę u podstaw tej działalności przestępczej jest chęć zysku, niegodziwego, napędzanego chciwością za wszelką cenę.

Interesuje mnie, jaka może być przyczyna takiego stanu rzeczy. Dlaczego do Polaka przylepiło się określenie tego „wiecznie narzekającego"? Wojna? Komunizm? Kompleksy?

Wydaje mi się, że w okresie przedwojennym Polacy nie byli tacy skłonni do narzekania. Tak jak już wcześniej wspomniałem, była postawa dążenia ku dobru. Tak to widziałem jako młody chłopak. Nie było rewelacji, większość żyła skromnie, ale godnie. Jeżeli wtedy, ponad 70 lat temu, praca listonosza wystarczała do utrzymania domu, żony z trójką dzieci i godziwego życia, to przepraszam bardzo, ale nie było powodów do narzekania. Co oczywiście nie znaczy, że było wszystko w porządku. Dzisiaj jest trochę inaczej, ale o to niech się martwią ci, którzy rządzą...

Kiedyś usłyszałem, że przydałaby się wojna, która postawiłaby do pionu większość społeczeństwa. Może skrajne rozwiązanie, ale nie brak mu jakiejś prawidłowości. Kiedy było źle, naród polski potrafił się zjednoczyć, a teraz...

Można postawić pytanie: *Gdzie doszukiwać się źródeł takiego stanu rzeczy?* Wydaje mi się, że jeżeli zaraz w okresie powojennym dorabianie się było oczywistą koniecznością i odbywało się względnie normalnie, to powoli zaczęły rozluźniać się więzy etyczne. Mówił któryś z prominentów II Rzeczpospolitej: Przyjdą *Niemcy, zabiorą nam wolność, jak przyjdą Rosjanie, zabiorą nam duszę*. Potem nachalna propaganda ateistyczna i ten jad wsiąkał w duszę Polaków. Przy okazji swoje trzy grosze dołożyły też niedociągnięcia duchownych i świeckich związanych z Kościołem.

W domu nie mieliśmy skrupułów, by korzystać z tego, co było u Niemców, u których mamusia pracowała. Co ich, to nasze... Bierz, ile możesz, bo to nasz wróg. W komunie było: *co twoje, to moje, a co moje, to nie rusz.* I ten system doprowadził jeśli nie do złamania, to przynajmniej do poważnego naruszenia kręgosłupa moralnego wielu Polaków.

Kwestia dorabiania się powinna prowadzić do wzrostu i radości, żeby wszystko szło do przodu. Choćby dla przykładu: reforma 500+ przyniosła tyle dobrego dla poszczególnych rodzin. A co ważniejsze, ta inwestycja nie wyjdzie za granicę, te pieniądze wrócą i będą służyć innym, napędzając dobrobyt kraju.

Rozwiązanie tego impasu jest długofalowe i wielopokoleniowe, i chodzi tutaj o uzdrowienie gospodarcze oraz uzdrowienie całego człowieka.

Kolejnym dziedzictwem komunizmu jest donosicielstwo. W prostej linii mamy efekt taki, że „człowiek człowiekowi wilkiem", lub lepiej: sąsiad sąsiadowi wilkiem.

Podają, że podobno za czasów komunizmu aktywnych agentów, którzy donosili, było ponad osiemset tysięcy. Coś niewyobrażalnego. Tysiące tomów teczek, wszystko zapisane… A i za okupacji Polak donosił na Polaka do gestapo. *A bo sąsiad zabił świnię; A bo za ścianą słychać Londyn;* przykładów można by mnożyć setki. Sami Niemcy wspominali, że nie poszli by do tego czy tamtego domu, gdyby nie otrzymali donosu.

Polska i Polacy jawią się jako obraz, który został przedstawiony w komicznym konflikcie w filmie „Sami swoi". Kargul i Pawlak, i ich nieustanna walka o swoje.

Patrząc wstecz, widzimy też Cześnika i Rejenta, czasy szlacheckie. Czyli problem walki o swoje i polskiego pieniactwa to nie tylko czasy współczesne, sięgają znacznie głębiej w historię Polski. Zajazdy, obrona swego, spory o granicę, czyli problem jest mocno złożony i istnieje od wieków w polskiej mentalności.

Pieniactwo i zawiść Polaka. To tak, jak w pewnej historyjce o człowieku, który wyprosił dobro u Jezusa. Chciał mieć piękny dom, duże gospodarstwo, wiele bydła itd. Jezus mu powiedział: *Dobrze, ale pod warunkiem, że twój sąsiad otrzyma dwa razy więcej w tym samym czasie.* Chłop się zgodził i powiedział: *Dobrze, a więc życzę sobie: wyłup mi jedno oko.* Prosta „bajeczka", ale jak bardzo pasuje do naszego tematu chorobliwej zawiści.

Problem z narzekaniem to trochę taka walka z wiatrakami…

Inna historia, to sytuacja pewnej babci, której powódź zabrała dom, zostały jakieś osobiste rzeczy, i tyle. Dziennikarze podchodzą i pytają o straty, a staruszka odpowiada: *Eee tam, panie, co tam dom, wszyscy żyjemy, i to jest ważne. Wysuszy się i wszystko będzie dobrze.* Babcia, Polka, mieszkająca na wsi – i nie ma w niej jakiegoś zawodzenia w stylu: *a co teraz będzie?* Świadomość wartości życia jest tutaj decydująca i jak widać, nie ma miejsca na narzekanie.

Czyli kolejnym powodem takiej, a nie innej mentalności narzekającego Polaka jest przestawienie wartości, które są w obecnych czasach ważne. Potwierdza się to, co powiedziałem: przeważa u nas postawa *więcej mieć niż być.* Materia wzięła górę nad duchem. Warto o tym mówić, zastanawiać się. Dla niektórych będzie to walka z wiatrakami, ale warto próbować. Kropla drąży skałę…

Wychodzi na to, że trudne chwile dziejowe potrafiły zjednoczyć Polaków.

Czy w Oświęcimiu narzekali? Raczej nie… Panowało przeświadczenie: TRWAJMY razem i nie dajmy się. Może przejaskrawiam, ale chodzi o tego ducha zjednoczenia, w trudnej i tragicznej chwili. Jedno było ważne: obrona polskości i własnej godności. Poniżanej w sposób trudny do przyjęcia.

Praca nad człowiekiem, podnoszenie poziomu relacji do życia, do dóbr materialnych, do rozwoju duchowego. Święci nigdy nie narzekali, nie byli skwaszeni.

Choć potrafili wysunąć w kierunku władz konstruktywną krytykę.

Jak najbardziej, ale to nie było narzekanie. Swego czasu posłowie PO złożyli wniosek o *konstruktywne* wotum nieufności wobec rządu pani Beaty Szydło i głosili hasło, że *Pan Grzegorz Schetyna na premiera* (śmiech).

Drążąc temat źródeł takiej postawy narzekającego Polaka, śmiem twierdzić, że kolejnym ważnym punktem jest rozpieszczenie narodu. Dobrobyt prowadzi u nas do sytuacji destrukcyjnej…

A iluż ludzi żyje poniżej przeciętnej, ich też trzeba brać pod uwagę. Paradoksalnie ci, co „biedują" – nie wszyscy, ale są tacy – nigdy nie powiedzą, że potrzebują, ale wręcz stwierdzą, że są bardziej potrzebujący, im dajcie.

Z drugiej strony walka o pracę, tworzenie atmosfery ciągłego strachu, wizja kolegi lub koleżanki donoszących – wszystko to buduje klimat ciągłej wrogości, a potem dziwimy się, skąd u nas zawiść, zazdrość i narzekanie.

Z kolei z dobrobytu wynika niefrasobliwość występująca najczęściej w miejscu pracy. Prześlizgiwanie się pomiędzy obowiązkami, bo przecież jakoś to będzie. Taka filozofia nie rokuje najlepiej. Jeżeli masz pracę, to ją szanuj, staraj się jak tylko możesz, a będą z tego owoce… Przynajmniej nie będziesz mógł sobie potem wyrzucić, że się nie starałeś.

Paradoksalnie ten niefrasobliwy Polak najczęściej narzeka. Pielęgnowanie postawy roszczeniowej „należy mi się… i koniec, wszyscy mają pracować na mnie".

Na szczęście jest tak, że jedna część społeczeństwa, tych zdrowych Polaków, ciągnie całą resztę… Dzięki temu, powolutku jakoś to wszystko idzie do przodu.

Czy zna ojciec jakieś lekarstwo dla wiecznie narzekającego Polaka?

Jednego i definitywnego lekarstwa jako takiego nie ma. Każdy Polak to osobny przypadek. Jednak zdrowa postawa i dystans do materii powinien pomóc. Ciągle to będę powtarzał: *bardziej być niż mieć*, a z biegiem czasu oderwiemy od siebie *łatkę* wiecznie narzekającego Polaka. Warto zatem zacząć żyć w pełni i przestać zajmować się głupotami, popracować nad sobą, dzięki czemu zyskasz ty i wszyscy wokół ciebie, przez co świat i Polska staną się lepsze. Proces zmian będzie miał sens, kiedy zachowamy odpowiednią kolejność: na początku zmiany u siebie, a potem dopiero możesz się martwić o innych. W przeciwnym razie nadal będziemy się prześlizgiwać przez życie, narzekając na to, że wokół nas nie jest tak, jak byśmy chcieli.

Dziękuję za rozmowę.

Lekarstwo na depresję: Trzeba zarazić się jakimś „bakcylem", czymś zainteresować, a przynajmniej szukać czegoś co nas zafascynuje (Leon Knabit OSB)

„BYŁY ZAUROCZENIA, POTAŃCÓWKI..."

CZYLI JAK BĘDĄC MŁODYM NIE ZOSTAĆ STARYM RAMOLEM

W kolejnej części rozmów wspólnie z Ojcem Leonem podjęliśmy temat dość specyficzny – o młodości. Jak zachować świeżość w starzejącym się społeczeństwie. Czy możliwy jest dialog stary-młody? I komu to potrzebne. **Jak nie zostać starym ramolem, wiecznie narzekającym tetrykiem?** Jednym zdaniem: „Młodość to nie tylko wiek. Młodość to stan ducha".

Jacek Zelek: *Na młodość przyjęło się patrzeć pod jednym kątem: wieku. Ojciec kiedyś pięknie powiedział: „Młodość to nie tylko wiek. Młodość to stan ducha".*

Leon Knabit OSB: Teraz to już każą mi to mówić... z przekonaniem (śmiech).

Czyli można się tutaj dopatrywać nieco głębszej warstwy rozumienia młodości?

Trzeba się tutaj odwołać do Jana Pawła II. Nie tylko ze względu na to, że jest święty, ale dlatego że mądry i ma coś mądrego do powiedzenia. Jeszcze nie spotkałem głupiego świętego, chyba że głupiego dla Chrystusa (śmiech). Kiedyś On powiedział: „Ja już jestem stary", a ktoś odpowiedział: „Nie, Ojciec Święty nie jest stary", „Dlaczego?" „Bo stary człowiek już nie ma nic przed sobą. A Ojciec Święty ma mnóstwo planów i ciągle idzie do przodu", Jan Paweł II odpowiedział: „A może masz i rację".

A więc młodość to czas kiedy człowiek ma wiele przed sobą. To jest mniej więcej tak jak z fotografowaniem. Robiąc zdjęcie profilowe, zawsze musi za człowiekiem być przestrzeń. Nie robi się zdjęcia, gdzie kadr kończy się na czubku nosa. Podobnie i tutaj, młodość ma ciąg dalszy... horyzont nie kończy się, ale zaczyna. Młodość jest początkiem, a starość podsumowaniem.

Starość może być twórcza?

Wyjąwszy niektórych ludzi. Wyjątki potwierdzają regułę. Wielu staruszków ma ciągle coś do roboty, są, można powiedzieć, uwrażliwieni na otaczającą rzeczywistość. Nie irytują się wobec zmian, nie chcą za wszelką cenę tkwić w starych, zastanych strukturach. Idą cały czas do przodu. Dlatego, to co powiedział pan Kamiński: „Dlaczego idziesz?" „Bo nie chcę stać".

W skrócie: młody duchem to...

Młody to ten, który idzie, nawet biegnie. Nawet św. Paweł napisał: „Biegnę, aby otrzymać wieniec..." Jeśli ktoś utrzymuje ten wewnętrzny bieg, można o nim powiedzieć że jest młody duchem. „Nie ten jest stary kto ma włosy białe niby śnieg, w tych sprawach nie ważny jest wiek" (stara, przedwojenna piosenka) (śmiech).

Młodość to jest coś, dzięki czemu idziemy do przodu, to są perspektywy i nadzieja realizację tego, co ten młody człowiek sobie zaplanował.

A starość?

Ta psychiczna starość, to stopniowe zwalnianie. To tak jak pociąg, który zmierza ku stacji docelowej. Trzeba się przygotować, zwrócić uwagę na bagaże. Dziękujemy za wspólną podróż. Koniec. Śmierć.

Rada jest jedna: nie można zostać „starym ramolem".

Tak. A ilu takich spotkasz... „chłopak ma 20 lat a stary i rośnie jak dziad". Ta sama piosenka co wyżej: „Gdy ci się świat podoba, góry, lasy, wody, to jesteś młody i wtedy z wiatrem, wtedy z ptakiem hen za wodę, hip hip, hura! Nie wierzcie temu, że są krótkie młode dnie, tak długo trwają jak kto chce". Czasem się chce, ale nie wychodzi. Słabość ciała, która uniemożliwia aktywność ducha. Jednak to wewnętrzne przeświadczenie, o tym, że coś mogę, napędza mnie do śmiałego kroczenia do przodu.

Czy można się pokusić o takie określenie jak „duchowość młodości"? Podobnie jak w rozwoju duchowym stagnacja jest negatywna. Podobnie i w tym przypadku.

Zgadza się. Jednak słowo „duchowość" pominąłbym, ponieważ odnosi się ona do innej dziedziny. Czy można mówić o duchowości bez religii? Niby tak, jednak duchowość łączy się z nadprzyrodzonością, z Absolutem. A tutaj w przypadku bycia młodym, dotyczy to również niewierzących. Osobiście wolałbym użyć tutaj słowa KLIMAT/PRZESTRZEŃ młodości, które pasowałoby dla każdego.

Mówią niektórzy o pewnym idealizmie młodzieńczym, młody to narwany, pełny życia i energii. Czasami naiwny, ale lepiej żeby był taki, niż w młodym wieku został mentalnym staruszkiem.

Strasznie ciekawi mnie Ojca młodość. Cofnijmy się wstecz do czasów komunistycznych, bo tak akurat wypadał czas Ojca dojrzewania. Jak to wyglądało w tamtych czasach? Z czym ówczesna młodzież zmagała się na co dzień?

To był rok '48. Matura. Szkoła jak każda inna. Każdy miał swoje plany. U mnie moje perspektywy bardzo szybko się skonkretyzowały, już w 1947 r. wiedziałem, że pójdę do seminarium. I wszystko to, co działo się później było podporządkowane temu zamiarowi. Ale to nie przeszkadzało młodzieńczej twórczości, nauka to był priorytet. Ciągłe poszerzanie wiedzy to było dla mnie ciągłe parcie do przodu m.in. poznawanie historii Kościoła, przedzieranie się przez zawiłości dogmatyczne itp.

Ogólnie rzecz biorąc, paradoksalnie, wśród nas młodzieży siedleckiej, nie czuło się tej presji władzy komunistycznej. Były tzw. potańcówki, zwane prywatkami (śmiech). Pojawiały się również sympatie międzyludzkie. Była też praca, która niestety była sterowana przez władze. Wielu moich kolegów i wiele koleżanek poszło na studia. Ja również miałem opcję alternatywną, gdyby plan z seminarium nie wypalił. Interesowałem się takim kierunkiem jak planowanie i statystyka,

W głowie miałem więc chęć studiów na SGPiS, dobrej wówczas szkole wyższej. Myślałem i o dyplomacji.

W tamtych czasach nie zaznaczał się ten podział starzy-młodzi. Rodzina była na pierwszym miejscu, więzi tworzyły klimat dialogu, a język też był inny.

Czyli nie było konfliktu pokoleń?

Pamiętajmy, to były czasy okupacji. Wiadomo, zawsze na dnie były pewne rozbieżności, jeśli chodzi o spojrzenie na pewne sprawy, to jest jasne. Wydaje mi się, że ten wspólny los nas wszystkich, ciężkie czasy okupacji powodowały, że te głębokie różnice nie były odczuwalne aż tak bardzo. Jeżeli ma się naokoło wiele życzliwości, wtedy nie dochodzą do głosu różne złośliwości i dopiekanie sobie nawzajem. Nie było tutaj miejsca na jakąkolwiek agresję.

Dzisiaj wielu młodych nie lubi starości. Jesteś stary, brzydki i nam się nie podobasz. To jest taka skrajność, ale ci młodzi zapominają, że za parę lat też będą tacy sami.

Jeżeli pojawiają się takie postawy, to z jakiegoś powodu…

W przypadku „skostnienia" postępowania wśród staruszków i takiego podejścia, że stawiam „weto" dla samego „weta", bo ja mówię, no to przepraszam bardzo, ale tak nie może być. Wtedy trzeba to powiedzieć jasno, ale jest to nadużywanie powagi i autorytetu starości. Trzeba kierować się miłością.

Drugą sprawą tego konfliktu jest problem języka i tym samym dialogu.

Ja z tym nie mam problemu. Ale niestety wielu, wielu ludziom jest ciężko nawiązać kontakt z młodym pokoleniem. Język jest zupełnie inny: „o co chodzi?", „spoko, spoko", i dziadek faktycznie nie wie o co chodzi (śmiech).

Zastanawia mnie takie uparte podejście niektórych starszych osób do nowych zdobyczy techniki XXI wieku. Ojciec jest żywym przykładem, że wieku ponad 80 lat można blogować, pisać, prowadzić aktywne działania w mediach społecznościowych, czyli da się...

To jest właśnie tzw. stary konserwatyzm w rzeczach nieistotnych.

Powinno tak być, jak to napisał św. Benedykt w „Regule": „starszych szanować, młodszych miłować".

Szacunek jest odmianą miłości. W starożytności, jeszcze w tej nie zepsutej, starsi byli szanowani, podobnie i w Starym Testamencie. Zasadniczo starość to doświadczenie i mądrość. Ale człowiek jest człowiekiem i może przyjść skleroza, a z drugiej strony stagnacja pewnych poglądów tworzy tzw. starość muzealną (śmiech)

Wydaje mi się, że konflikt pokoleń powstaje w wyniku złego zrozumienia przez osoby starsze swojej funkcji. Zamiast postawy mędrca, rodzi się postawa wyższości.

Wyższości i powiem więcej – pewnej apodyktyczności. Młodzi skądś biorą przykład, przecież nie od przedszkolaków...

Trzeba wziąć pod uwagę pewną przekorę młodych ludzi. Dlatego też trzeba się liczyć z takimi zjawiskami typowo psychologicznymi, jakim jest duch przekory, aby tylko zrobić na odwrót, na złość.

Wrócę jeszcze do czasów, kiedy Ojciec był młodzieńcem. Interesuje mnie to, jak wtedy bawiliście się, w czym przejawiało się młodzieńcze szaleństwo?

Na ogół skupiało się na różnych zabawach – potańcówkach, gdzie się tylko dało. Awantur raczej nie było, no może z wyjątkiem wiejskich zabaw, gdzie zazwyczaj dochodziło do bójek miejscowych „watażków" (śmiech).

Szkolne zabawy były bardzo fajne. W naszej szkole organizowano takie co miesiąc, tańczyliśmy wtedy przy patefonie. Były rozmaite tanga, fokstroty, polki itp.

Przy jakiej muzyce?

Był swing, boogie woogie. Stopniowo w modę ówczesnych dyskotek wchodziły produkcje zachodnie. Była taka sytuacja, że pewien dziadek „sprał" młodego chłopaka, który dość namiętnie tańczył tango ze swoją partnerką. A to z czystej niewiedzy, zwyczajnie staruszek nie słyszał, a więc nie wiedział, o co chodzi (śmiech).

Widzę młodzież pozwalała sobie.

W tamtych czasach nie było takiego parcia na seks, było bardzo dużo dobrego koleżeństwa, które, można powiedzieć, absorbowało potrzebę współżycia.

Czy Ojcu przytrafiła się w tamtych czasach młodzieńcza miłość?

Zawsze podobały mi się dziewczyny, na szczęście nie chłopaki (śmiech). Ze względu na moje plany seminaryjne, nie angażowałem się w jakieś głębokie związki z płcią przeciwną. Choć zdarzyła się taka jedna, która okazała tyle dojrzałości, że zrozumiała mój wybór drogi życiowej.

Pytam o to, ponieważ coraz częściej dzisiejsza młodzież kieruje się hasłem „róbta co chceta".

Nie wszyscy. Ale często dochodzi do paradoksu, że porządny chłopak szuka dziewczyny, a nie może znaleźć i na odwrót. Widać również tendencję do tego, że to kobieta przejmuje ster w sferze kontaktów seksualnych. Młodziutka dziewczynka z gimnazjum namawia chłopaka na szybki seks w łazience szkolnej. W głowie się nie mieści.

Wychodzi na to, że to hasło nie jest pełne. Czegoś tam brakuje?

Kochajta i róbta co chceta.

O właśnie...

Dzisiaj określenie „rozpusta" to jest zacofanie i ciemnogród. Wszechobecnie panujący ekshibicjonizm nie wpływa pozytywnie na młode pokolenie.

Pod przykrywką wolności czai się tak naprawdę niewola.

To jest niewola zmysłów. Kwestia opanowania zmysłów na pewnym etapie rozwoju to jest: „puknij się w łeb, mam do tego prawo", a dopiero później, gdy najczęściej jest za późno, przychodzi refleksja, że ja jestem szponach nałogu.

Powierzchowne traktowanie życia, miłości i tego, co się otrzymało przez młodych ludzi najczęściej prowadzi do częstego zjawiska, czyli depresji, a w ostateczności do samobójstw. Bardziej jednak interesuje mnie sam proces stawania się „starym dziadem" w wieku 25–30 lat.

To fakt. Pojawia się niechęć do jakiejkolwiek inicjatywy. Nie ma po co żyć, nie ma za co umierać. To się może przejawiać w agresji, popatrzmy chociaż na chuliganów, którzy grasują po ulicach. Młodzi potrzebują dać ujścia swojej energii, tylko trzeba ją odpowiednio pokierować, a nie puścić samopas. Trzeba zająć się czymś konkretnym i pożytecznym.

Nuda może być przyczyną?

Jak najbardziej. Św. Jan Bosko mówił: „sport, sport, sport". Młodzież ma wewnętrzną potrzebę dążenia do sukcesu. Nuda działa destrukcyjnie na kreatywność młodego człowieka. Można próbować i dostać po nosie, ale taki człowiek podnosi się i idzie dalej, nie może być tutaj miejsca na rezygnację.

Jednym z lekarstw na depresję może być określenie celu.

Trzeba zarazić jakimś „bakcylem", czymś zainteresować, a przynajmniej szukać czegoś, co nas zafascynuje. Człowiek zajęty nie będzie miał czasu na ciągłe analizowanie swojego życia.

Trzeba po prostu coś robić…

Takim pięknym przykładem może być dzisiejsze harcerstwo. Dobra organizacja, ciekawi ludzie, ciekawe pomysły, kreatywne zajęcia. Porównując to z innymi wspólnotami, to naprawdę jest z czego być dumnym. Inny przykład to spotkania lednickie, tylu młodych ludzi uczestniczy w organizacji, a jeszcze więcej w samym zgromadzeniu.

Jeszcze powrócę do tematu konfliktu pokoleń. Patrząc z perspektywy Ojca doświadczenia, czego starsi mogą nauczyć się od młodych i na odwrót.

Wydaje mi się, że starsi powinni się nauczyć „nie starzeć" (śmiech). Takim zadaniem również jest przedłużanie osobistych zainteresowań, w wielu przypadkach starsi nadal fizycznie, psychicznie i duchowo są zdolni do wielu aktywności. Ważne żeby „nie klapnąć", nic mi się nie chce, brak inwencji. Nie mówię, że każdy ma iść na Uniwersytet III wieku, ale popatrz na młodego człowieka, próbuj jeszcze, może jednak.

Teraz w czasie przygotowań na ŚDM zaproszono pewną panią, 60, może 70 lat, która wbiegła na Kasprowy Wierch. Inna przepłynęła kanał La Manche. Te i wiele innych przypadków pokazują, jak w starości można być młodym. Pojawia się taka powiedzmy dobra zazdrość: jeżeli ten młody/młoda potrafią, dlaczego ja nie mógłbym/mogłabym spróbować.

Jeżeli starsi cieszą się z osiągnięć młodych, to jest nadzieja, że wspólnie dzielić się będą duchem, a nieraz potrafić będą zachęcić starszych do różnej aktywności. Takie młodzieńcze impulsy (śmiech).

Jeżeli starszy człowiek ma autorytet, to wtedy nie ma problemu z posłuszeństwem, wtedy się kocha, ile się słucha, a tyle się słucha, ile się kocha.

Ważne jest również dostrzeganie osób starszych.

Takim ważnym czynnikiem będzie umiejętna polityka organizowania przez władze ciekawych zajęć dla osób starszych: wszelkiego rodzaju kluby seniora, konkursy, wspólne wyjazdy. Ostatnio modny jest program uprzystępniania osobom starszym dojścia do komputera. Często starszy dziadzio i starsza babcia na komputer patrzą jak na jeża (śmiech) okazuje się że po przełamaniu pierwszego strachu, tacy ludzie odżywają, wcześniej odcięci – teraz otwierają się przed nimi nowe możliwości.

Starsi swoim doświadczeniem mają pomagać młodym. Jest takie klasyczne powiedzenie: „aby młodzi wiedzieli, a starzy mogli".

Seniorzy mają za zadanie weryfikować.

Oczywiście. Dlatego też dawniej np. senat składał się z osób starszych i doświadczonych, które miały za zadanie sprawdzić i ocenić decyzje młodych posłów. Dzisiaj troszkę się to zatarło...

A więc młody człowiek powinien zgodzić się na to, aby przepuścić swoje decyzje przez filtr „życzliwej starości". Oby tylko nie trafił na „skostniałego dziada", który stoi w kącie i pokazuje, jak to mu się nic nie podoba (śmiech)

Jak się Ojciec czuje jako twarz Małopolski i ambasador ŚDM?

Jakoś szczególnie o tym nie myślę. Mam dystans. Cieszę się, ale bez przesady. Pomysł bardzo ciekawy, wybór starszego człowieka jako symbolu bycia młodym duchem, pomimo słabości i wieku – to jednak daje radę.

Nieraz się bardzo dziwię. Mnogość spotkań, wyjazdy, człowiek niedospany, wydawałoby się, że zupełnie wykończony, ale jest inaczej, właśnie po takich spotkaniach, rozmowach z różnymi ludźmi, mam więcej energii i radości. To jest przedziwne. Przypomina mi się psalm w którym czytamy: „biegną bez znużenia, bez zmęczenia idą". Wiara, że jestem na dobrej drodze, upewnia mnie i daje poczucie bezpieczeństwa.

Kiedyś przy jakiejś okazji pięknie Ojciec powiedział: „Jestem radosny, ponieważ na serio traktuję Boga".

Oczywiście zgadzam się. Każde przyćmienie tej radości, to wtedy kiedy coś zawalę. Trzeba starać się zachować dobrą miarę do wszystkiego.

W kampanii promującej Małopolskę jest Ojciec w czerwonych koralach i koszulce „Keep Calm and Ora et Labora". Poproszę o kilka rad: jak w codziennym życiu zachować tę uniwersalną zasadę zachowania spokoju w połączeniu z modlitwą i pracą? Co zrobić, aby utrzymać tę równowagę między strefą ziemską i duchową?

Tutaj okażę się twardym katolem, ale nie dewotem (śmiech). Dla mnie sprawa jest prosta: trzeba się mocno trzymać Pana Boga, u którego jest pokój, i którego on nam zawsze udziela, jeżeli tylko będziemy tego chcieli. Trzeba patrzeć na przykłady w historii Kościoła: Siostra Faustyna Kowalska, Papież Jan Paweł II, którzy poruszyli cały świat, szczególnie młodych ludzi, którzy w tym roku pod ich przewodem zgromadzą się w Krakowie na obchodach Światowych Dni Młodzieży. To działa. Nie mam innej rady, jeżeli odszedłeś, wróć z powrotem z oczyszczonym sumieniem.

Jako 86-letni staruszek mówię z całą pewnością: im bliższy kontakt z Bogiem, tym będzie mniej lęków i obaw w codziennym życiu. Zaufajmy i tyle. A jeżeli ktoś nie chce, to wtedy nie miejmy pretensji, że wszystko się wali. Moja recepta: Jezu, ufam Tobie!

Dziękuję za rozmowę.

Radość życia możliwa jest wtedy, gdy człowiek jest na swoim miejscu (Leon Knabit OSB)

KAZANIE POWINNO WYCZERPAĆ TEMAT, A NIE SŁUCHACZY...

Po raz kolejny spotykam się z ojcem Leonem Temat mamy niełatwy, bo dotyczy jakości homilii w polskim Kościele katolickim. Jednak u ojca Leona nie ma takiego tematu, którego by nie podjął i nie stawił mu czoła.

Dlaczego jest tyle niedociągnięć? Jak długo głosić homilię? Czy nie wszystkiemu winny jest język, jakim posługują się polscy duchowni? Jaki jest obraz Boga w polskich kazaniach? Jak wygląda sprawa *rzucania gromów* z ambony? Te i jeszcze wiele innych kwestii podjęliśmy w dzisiejszej rozmowie... Razem z ojcem Leonem życzymy dobrej lektury.

***Jacek Zelek:** Użył Ojciec kiedyś sformułowania, że niektórzy księża, a nawet biskupi, nie radzą sobie z głoszeniem homilii i mówią z ambony żenująco naiwnie (np. w kwestiach społecznych). Jaka jest tego przyczyna? Jakie jest Ojca zdanie na temat jakości polskich kazań i homilii?*

Leon Knabit OSB: To sprawa dość złożona. Każde seminarium duchowne diecezjalne czy zakonne ma swoich nauczycieli homiletyki, a więc i różne style. Ci nauczyciele mają różnych słuchaczy, którzy w nierówny sposób przyswajają sobie teorię. Potem przychodzi czas na praktykę. Każdy ksiądz powinien z zapałem głosić Dobrą Nowinę. Z miłością do Boga i do ludzi. Ale miłość w nas nigdy nie jest doskonała; dlatego jeśli się nie przeżyje Boga w głębi własnej duszy, trudno jest o Nim mówić z tak głębokim przekonaniem, by to poruszało słuchaczy. Wtedy będzie to raczej wykład niż świadectwo. Są księża obdarzeni talentem duszpasterskim i mistrzowskim sposobem przekazywania. Inni tego talentu nie mają, ale powoli się docierają w akcji. Inni wreszcie nie mają i nie myślą się docierać, a na zwróconą im uwagę lub chęć pomocy odpowiadają agresją. Gdy w dodatku ktoś, kto *idzie na księdza* nie ma specjalnych upodobań w głoszeniu kazań, a woli spowiadanie czy katechizację, spotkania indywidualne, czy też prace administracyjne lub sprawy gospodarcze, to wtedy właśnie mówi (a często czyta) najwyżej poprawnym językiem teologicznym, którego klimat często nie trafia w oczekiwania i potrzeby słuchaczy.

Winston Churchill powiedział kiedyś: „Mówca tak powinien skonstruować przemówienie, by wyczerpać temat, ale nie wyczerpać słuchaczy". Wydaje mi się, że to zdanie idealnie pasuje do jakości kazań w polskich kościołach.

To jest uogólnienie. Jest bowiem wiele kazań, które są dobrze opracowane, dobrze wygłoszone i dobrze przyjmowane przez słuchaczy, ale oczywiście są i takie, które wyczerpują temat i słuchaczy, a gdy kaznodzieja wychodzi z siebie, ludzie... wychodzą z kościoła.

W jednym z wywiadów Ojciec powiedział, że problem jakości polskich kazań nie dotyczy pytania „czy podejmować temat?", tylko „jak?". No właśnie – JAK głosić, aby to miało ręce i nogi?

Wracam do odpowiedzi na pierwsze pytanie. Trzeba czerpać z własnego przeżywania Boga, albo przynajmniej z własnej tęsknoty za lepszym przeżywaniem i – wielkie słowo, ale z prawdziwą miłością kierowaną do ludzi, którym chce się przekazać skarb odkryty we własnej duszy, a może którego – wciąż za mało! – szukam.

Jakiś czas temu w mediach pojawiły się pierwsze głosy krytyki polskich kazań. Ludzie mają dość tego, że duchowni z ambony „wciskają kit" wiernym.

Krytyka była i wtedy, kiedy media były w powijakach. A teraz uważnie z tym kitem. Dla niektórych słuchaczy kitem będzie spokojne rozważanie prawd wiary czy przedstawianie bez osłonek wymagań etyki chrześcijańskiej.

Dlaczego jest tyle niedociągnięć? Brak chęci, zmęczenie czy też wypalenie zawodowe?

Chyba wszystkiego po trochu. Ale najlepiej byłoby zapytać się po takim nieudanym kazaniu samego kaznodziei. Co się stało, że to kazanie było właśnie takie?

Osobiście spotkałem się z taką sytuacją: w jednym z kościołów krakowskich kapłan wyszedł na ambonę i po krótkim wstępie zaczął reklamować swoją świeżo wydaną książkę, kończąc kazanie informacją, że po błogosławieństwie będzie czekał na końcu kościoła i będzie możliwość uzyskania osobistego autografu. Jak dla – mnie niesmaczna sytuacja. I jak się tutaj dziwić, że ludzie krytykują kapłanów i ich podejście do kwestii głoszenia Ewangelii…

Promocja własnej książki zamiast kazania to nie jest najlepszy pomysł. Chyba, że książka jest naprawdę cenna i przeczytanie jej może zastąpić wiele nienajgorszych kazań.

Czy ambona nie staje się zbyt często przestrzenią „wywlekania" wszelkich brudów, m.in. politycznych i obyczajowych?

Nie wiem, jak często, ale jeśli tak jest, to jest źle. Brzydkie obyczaje należy wyrugować.

Jaki jest Ojca stosunek do sytuacji, kiedy kazanie przeradza się w spektakl teatralny, np. inscenizację, w ramach której kapłan śpiewa świeckie piosenki itd. Czy nie jest to tak, że z głoszenia Słowa Bożego robi się zwykły cyrk?

Czasem można przytoczyć, nawet śpiewając tekst świeckiej piosenki, by pokazać, jak głęboko weszło w życie codzienne dobro czy także zło. Ale ogólnie jestem przeciwny inscenizacjom jako podstawowym nieraz formom kazania.

Co Ojciec sądzi o zastępowaniu głoszenia homilii odczytywaniem listów pasterskich Episkopatu? Czy nie lepszym rozwiązaniem byłoby przedstawianie wiernym skróconej wersji (najistotniejszych punktów) takich listów podczas ogłoszeń parafialnych lub umieszczanie ich na stronie www, czy też wreszcie rozdawanie ich przy wyjściu chętnym wiernym?

Ojciec Piotr Rostworowski mówił, że list episkopatu powinien być rzadkim wydarzeniem z racji szczególnych okazji. Rozwiązania wyżej podane aprobuję jak najbardziej. Niektóre gazetki parafialne z wielkim pożytkiem drukują listy biskupów.

Długość homilii to kolejna ważna kwestia. Na przykład w Tyńcu przyjęło się zwyczajowo, że niedzielne kazanie trwa nie dłużej niż 12 minut. Czy długie wywody teologiczne to dobry pomysł? Czy nie lepiej krótko, a na temat, na wzór papieża Franciszka?

Popieram krótkie kazania – do 15 minut. Przy okazji misji, rekolekcji itp., kiedy ludzie są nastawieni na dłuższą wypowiedź, wtedy – proszę bardzo.

Jeśli chodzi o długość homilii, papież Franciszek wyraźnie przypomina, że postać kapłana jako szafarza nie może przesłaniać samej istoty Eucharystii. Stąd nacisk na zwięzłość i merytoryczność kazań.

Jak najbardziej. Ale też warto podkreślić, że dla wielu wiernych jakość kazania wpływa na jakość przeżywania całej Mszy. Jak kazanie było dobre, to i we Mszy się lepiej uczestniczy…

W końcu i w ciągu 5 minut można powiedzieć naprawdę głęboką homilię. Ojciec coś o tym wie, tyle lat głoszenia Słowa Bożego – to przecież ogromne doświadczenie.

Owszem. Ja się wiele nauczyłem występując w telewizji. Gdy się otrzyma zadanie: *Ma ojciec 26 sekund, proszę rzecz zgrabnie podsumować*, to się powoli przyzwyczaja i mówi bliżej „zgrabnego podsumowania" niż tasiemcowego wykładu. Jakiś pisarz katolicki mówił kiedyś: *gdyby księża tyle się przygotowywali, ile mówią, a tyle mówili, ile się przygotowują, to było by czego słuchać.*

Czy nie chodzi o to, aby zastosować zasadę św. Benedykta, który w Regule przytoczył słowa ze Starego Testamentu: „mądry daje się poznać w kilku słowach", czy też na innym miejscu: „Mów zwięźle, w niewielu słowach [zamknij] wiele treści". Czyli dobre kazanie nie musi być długie (śmiech).

Tak jest i nie ma co rozwodzić się nad tym dłużej.

Wydaje mi się, że cały problem polskich kazań tkwi w języku, jakim posługują się duchowni. Trzeba to powiedzieć, że język polskich homilii to nie język zwykłego, szarego człowieka.

W każdym przemówieniu trzeba tak mówić, by CHCIEĆ być zrozumianym przez słuchaczy, należy jednak uważać, by nie wpaść w zbyt częste kolokwializmy, które niekiedy ocierają się o wulgarność.

Pewne utarte schematy językowe ciągle pokutują w polskich kazaniach. Często jest to język bardzo trudny, a wręcz niezrozumiały. Czy nie ma tutaj winy po stronie odpowiedzialnych za formację kapłańską? Ewidentnie czegoś brakuje w przygotowaniu księży do ich pracy...

To pytanie trzeba kierować do wszystkich wychowawców i profesorów przyszłych kapłanów. Ja mogę się w tej intencji modlić i gdy głoszę Słowo Boże… nie ględzić.

Chciałbym zapytać o jeszcze jedno. Teraz, w okresie Wielkiego Postu, ciągle słyszymy o Bogu, który jest strasznym i sprawiedliwym władcą, który za dobre wynagradza, a za złe karze. Czy nie jest to fałszywy obraz, za pomocą którego duchowni „trzymają w szachu" wiernych?

Wprawdzie niewiele słyszałem kazań w tym czasie, więcej mówiłem sam, ale ani ja nie straszyłem, ani nie doszło do mnie, by straszono. Może to „ciągle słyszymy" jest trochę przesadzone. A jeśli gdzieś ktoś rzeczywiście mówi tylko o grzechu i sprawiedliwej karze, a nie wyjaśnia sensu Bożego Miłosierdzia, zwłaszcza w Roku Jubileuszowym, to głosi poglądy niezgodne z całością nauki Bożej.

Wizerunek Boga jako bezlitosnego sędziego to punkt zapalny, wokół którego toczyła się dyskusja w Internecie. Przecież Bóg jest miłością i takiego Boga widzimy w Nowym Testamencie, i myślę, że o takim Bogu powinno się mówić w kościołach.

A w ogóle za mało się mówi o Bogu. Mówi się o rodzinie, o wychowaniu, o pladze rozwodów, o aborcji, o polityce, o problemach finansowych… Kiedyś nie żyjącego już dziś

Ojca Pawła Sczanieckiego zapytała w Krakowie starsza kobieta: *Ojciec tak pobożnie wygląda, proszę mi powiedzieć, gdzie w Krakowie można usłyszeć o Panu Bogu?* Trzeba więc zmienić proporcje i hierarchię głoszonych treści.

Wydaje się, że w kazaniu nie chodzi o to, aby kapłan grzmiał i punktował grzechy wiernych, ale by pokazał konkretną drogę nadziei; by głosił, że jest szansa na wyjście z dołka. Jednym słowem, trochę więcej optymizmu...

Proszę się przyjrzeć nauczaniu Chrystusa. Wiedział, kiedy trzeba kogoś skrzyczeć, a kiedy nawet wziąć bata, kiedy zaś mówić spokojnie o Bogu, Miłosiernym Ojcu i człowieku, dziecku Bożym... Ale jeśli ktoś z postawy Jezusa bierze tylko Jego ostre reakcje, to powiemy „niedokształcony", albo „zniekształca naukę Jezusa".

Papież Franciszek krytykuje postawę braku miłosierdzia u księży, określając takich duchownych jako „kontrolerów łaski". Twierdzi jednocześnie, że Kościół ma być postrzegany jako „ojcowski dom", w którym każdy znajdzie swoje miejsce. Chyba o to właśnie chodzi?

Nie będę kwestionował wypowiedzi papieża. Każdy myślący człowiek wie, że „ojcowski dom" to jest miejsce, gdzie poza różami są także i kolce.

Zdarza się, że niektórzy duchowni podnoszą głos, a wręcz krzyczą podczas homilii. Czy warto stosować takie zabiegi? Czy to przypadkiem nie odstrasza wiernych?

Owszem, trzeba czasem krzyknąć w naprawdę ważnych momentach dla pokreślenia wagi poruszanego zagadnienia. Ale normalnie trzeba mówić spokojnie, wyraźnie i nie za szybko, by wierni, zwłaszcza starsi, mieli możność złapania sensu słów.

Czy nie jest tak, że z powodu nabytych przez duchownych przyzwyczajeń językowych (styl seminaryjny, wykładowy) ciężko jest ich skłonić do zmiany sposobu głoszenia?

To zależy od poziomu i rodzaju inteligencji. Ksiądz Tischner dawał sobie radę z przedszkolakami i profesorami uniwersytetu.

Podobnie jest i w przypadku biskupów – istnieje pewien, stale obecny w ich przemówieniach styl przepowiadania, który ciężko zmienić; słyszymy go również, gdy odczytywane są listy pasterskie.

Jeśli jest list pasterski, to trzeba go MÓWIĆ, jakby był adresowany do konkretnego słuchacza. Odczytanie szybko i monotonnym głosem ciekawych nawet treści nie daje nic, przeciwnie – zniechęca. *Co było, list czy kazanie?* pyta chłop, jeszcze z łóżka, żony, która właśnie wróciła z porannej Mszy św. *Jak powiem – kazanie, to wstaje i zbiera się na Sumę, a jak list, to go i kijem z pościeli nie wypędzisz.*

Czy nie uważa Ojciec, że język polskich kazań jest smutny czy wręcz depresyjny? Ciągle zło, grzech i sąd Boży. Czy nie powinno być więcej radości i optymizmu?

Za mało słucham kazań. Wydaje mi się, że czasem ma się nieszczęście trafić na serię takich ponurawych kazań, ale są parafie i kapłani, gdzie proporcje nadziei i smutku, radości i groźby są doskonale wyważone.

Mamy XXI wiek; można powiedzieć, że ludzie są jeszcze bardziej świadomi (powszechna dostępność informacji), a słuchając polskich kazań ma się wrażenie, że kapłan mówi do bandy tępaków, którzy nie byli w stanie ukończyć podstawówki. To jest bardzo smutne. Chyba wiernym należy się jakiś szacunek.

„Tępaków" może, na pewno nie „banda". Natomiast „ignorantów religijnych"' z pewnością tak. Proszę sprawdzić, ilu obecnych na Eucharystii zdałoby egzamin do I Komunii św. na poziomie II czy III klasy. Oczywiście, trzeba znaleźć sposób mówienia i nie zrażać się, ale z szacunkiem a cierpliwie tak mówić, by wzbudzać zainteresowanie i chęć dowiedzenia się czegoś więcej.

Czy nie jest tak, że pod płaszczykiem „trudnego języka" kapłan chce ukryć swoją nieumiejętność głoszenia kazań?

Nie wiem, trzeba zapytać takiego konkretnego kapłana.

Być może będzie to zbyt mocno postawiona teza, ale czy nie jest tak, że ludzie odchodzą od Kościoła z powodu bardzo błahej sprawy, jaką jest niezrozumienie języka używanego przez przedstawicieli Kościoła?

To nie jest jedyny i główny powód, ale z pewnością jeden z wielu, dla których wierni oddalają się od Kościoła.

Ambonę można porównać do sali wykładowej – jest profesor i są uczniowie. Nauczyciel referuje, uczniowie ziewają, nudzą się i nic nie rozumieją z tego, co mówi do nich profesor… Chyba nie o taki układ chodzi?

Jeśli są takie wykłady, są i takie kazania. Na szczęście są i inne wykłady i inne kazania.

Trochę to tak wygląda, jakby dla niektórych księży czas zatrzymał się w miejscu. I to, co może sprawdzało się 20 lat temu, niekoniecznie musi być aktualne teraz. Sam papież Franciszek w adhortacji „Evangelii Gaudium" pisze o odnowie form wyrazu w głoszeniu Ewangelii.

To samo mieli na myśli i poprzednicy papieża Franciszka, kiedy mówili o potrzebie *Nowej Ewangelizacji*. Franciszek to przypomina, pogłębia i konkretyzuje. Ewangelia jest ta sama, ale formy jej przekazywania muszą być dostosowane do epoki.

Kolejną kwestią jest samo przygotowanie kapłana. Różnie to wygląda: bywa, że duchowny czyta z kartki, czasami korzysta z gotowców lub używa wyświechtanych frazesów, tylko żeby coś powiedzieć i odbębnić swój obowiązek. Jak dla mnie, wszystkie te przypadki to jawny brak szacunku wobec wiernych.

Jeśli jest taki kapłan, który odbębnia swoje kaznodziejstwo, a może i całe kapłaństwo, powinien to sobie uświadomić, a może inni powinni mu w tym dopomóc. I jeśli ma odrobinę uczciwości, to powinien odprawić rekolekcje, najlepiej 30-dniowe, ignacjańskie. Stanąć wtedy w prawdzie przed kochającym go Jezusem i powiedzieć: *Jezu zgrzeszyłem* – i wziąć się z nowym zapałem opartym o miłość Jezusa, ludzi i siebie samego. Przecież nie wszystko wygasło. Albo powiedzieć otwarcie: *Nie będę robił lipy* – i prosić o zwolnienie z obowiązków kapłańskich ze względu na psychiczną niezdolność do wykonania podjętych zobowiązań. Albo – albo. A Jezus i tak go kocha.

Papież Franciszek we wspomnianej adhortacji pisze o tym, że kaznodzieje powinni poświęcić więcej czasu na przygotowanie homilii. Może mógłby Ojciec się swoim doświadczeniem w tej materii? Jak dobrze przygotować się do głoszenia homilii?

Najlepiej byłoby myśleć o kazaniu już przez cały tydzień, a ciekawe sformułowania, czy wydarzenia, które pasują do tematu, zapisać. Uporządkowanie tego, choćby w punktach może zająć potem paręnaście minut. Czasem trzeba coś poczytać, przewertować, jeśli jest taki trudniejszy temat. Ale czasem mówią: *proszę powiedzieć parę słów*. Jeśli zakochanemu chłopakowi powiedzą, powiedz parę słów o swojej Kasi, to on nie będzie sięgał do jej listów, czy zasięgał o niej opinii. Parę słów, i to jakich, powie w każdej porze. Jeśli ksiądz nie potrafi w każdej porze powiedzieć paru gorących słów o Jezusie, czy o Kościele, to coś z nim jest nie w porządku.

Papież Franciszek pisze wyraźnie, że dobra homilia nie może być „jedynie sumą różnych, oderwanych idei", ale ma być uporządkowana i mieć jasny przekaz, czyli rozwijać jeden temat, który kaznodzieja powinien klarownie i sprawnie wyjaśnić. W praktyce wierny jest zasypywany różnymi, rozproszonymi myślami, które do niczego sensownego nie prowadzą.

Homilia powinna wychodzić z tekstów biblijnych, ale praktyczne zastosowanie powinno odnosić się do konkretnego problemu, który kaznodzieja chce postawić. Czasem jednak może być tak, że słowa kaznodziei mają skłonić do ogólnej refleksji, a nie dają konkretnego zastosowania.

Co ciekawe, papież pisze, że kaznodzieja powinien słuchać wiernych, tak żeby jego głoszenie miało zaczepienie

w świeckiej rzeczywistości, czyli żeby nie było to gadanie o wysublimowanych i odrealnionych sprawach. I tutaj pojawia się pytanie – czy jest jakaś granica, której kapłan nie powinien przekroczyć? Np. wypowiedzi na temat in vitro, aborcji, małżeństwa czy wychowania dzieci.

Podobnie, jak w poprzednim pytaniu. Kapłan przez kontakt z wiernymi, wie co w trawie piszczy. Konkretne tematy zostawia na specjalistyczne spotkania, a w normalnych homiliach przede wszystkim przybliża postać Jezusa, by w konkluzji powołać się na Niego przy omawianiu konkretnego problemu.

Ojciec Święty w jednym z punktów adhortacji pisze, że jednym z warunków dobrego przygotowania homilii to „lectio divina". Ojciec często czyta Pismo Święte?

Według zwyczaju, który zastałem w Tyńcu, mnisi czytają przynajmniej pół godziny dziennie Pismo święte, nie zaniedbując też i innej lektury.

Tutaj też poproszę o kilka rad doświadczonego mnicha: jak czytać Biblię?

Jest tyle książek i opracowań na ten temat w portalach katolickich, że nie ośmielam się dawać recepty *instant* w krótkich słowach. Najlepsza jest, dla mnie przynajmniej, *lectio continua*. Czytam po kolei, jak leci, a zatrzymuję się przy momentach, które w tej chwili odpowiadają na moje problemy życiowe. Czasem sięgam i do tłumaczeń w innych językach.

Według Ojca, w jaki sposób można zainteresować zwykłego Kowalskiego Słowem Bożym?

Jeśli ten Kowalski chodzi do kościoła, to może w parafii jest kółko biblijne. Wtedy zachęcić do udziału. A jeśli nie ma, musiałbym konkretnego Kowalskiego mieć przed sobą.

Czy jest jakaś rada na to, aby poprawić jakość i sposób głoszenia Ewangelii? Chodzi mi tutaj szczególnie o język.

Przede wszystkim trzeba uznać, że nie mówi się idealnie. Dlatego dobrze jest korzystać z fachowej literatury, a może także mieć takiego obiektywnego recenzenta, który by po każdym (o ile to możliwe) kazaniu wskazał na jego zalety i wady, także pod względem formalnym.

Czy może się Ojciec podzielić dobrą radą dla braci kapłanów, jak dobrze głosić Słowo Boże tak, żeby wyczerpać temat, a nie słuchaczy?

Trzeba mieć ogólne przynajmniej rozeznanie, jeśli chodzi o potrzeby duchowe słuchaczy. Pewne potrzeby można i należy obudzić (np. tęsknota za stanem łaski). A Pismo Święte należy znać na tyle, by wiedzieć, jak należy w danym wypadku stosować naukę z niego płynącą. Wzorem tu może być m.in. św. Jan Chrzciciel. Temat ogólny jego nauczania to nawrócenie i pokuta. Do tego jednak dodawał szczegółowe pouczenia dla bogatych, celników, czy żołnierzy.

Optymizm i radość z życia to dzisiaj bardzo poszukiwane cechy... Jak Ojciec to robi, że jest pełen uśmiechu i zadowolenia? Z czego to wynika? Jaka jest tajemnica bycia szczęśliwym?

Radość życia możliwa jest wtedy, gdy człowiek jest na swoim miejscu. Wtedy i bycie i to, co robię, jest moją pasją. Można powiedzieć, że jestem artystą w swojej specjalności. A jeśli zawód okazał się pomyłką, a to, kim jestem, zupełnie mnie nie satysfakcjonuje? Wtedy, jeśli człowiek jest uczciwy, wierzy w miłość Boga i zależy mu na dobru ludzi, niech usilnie pracuje nad tym, by był przynajmniej dobrym rzemieślnikiem. Może warto jest zmienić zawód. U księdza nie powinna wchodzić w grę zmiana zawodu, gdyż jest powołany, a zmiana samopoczucia i przywrócenie szczęścia, to nawrócenie i solidna dalsza praca nad sobą. Dzisiaj mamy modę także na zmianę płci, jako sposób na zyskanie lepszego samopoczucia. Często i motywy są niewystarczające i owoce nie powodują pożądanych skutków. W bardzo wyjątkowych wypadkach jednak, nie uważałbym takiej metamorfozy za coś nagannego, zwłaszcza jeśli podjęta by była po konsultacjach z lekarzem, psychologiem, a może i dla wierzących – z kapłanem...

Co Ojciec sądzi o częstej praktyce wśród duchownych polegającej na wyjaśnianiu aktualnych wydarzeń karą Bożą za ludzkie grzechy?

Mają rację. Pismo Święte często mówi o chorobach, czy o klęskach żywiołowych jako o karze Boskiej. Ale źle jest, jeśli kaznodzieje na tym poprzestają. Pan Bóg nie przestaje kochać, kiedy karze. A że te kary często spotykają niewinnych ludzi, to już kolejny problem. Bo tu właśnie występuje z całą mocą miłosierdzie. Przyjmij pokornie karę, a zawsze otrzymasz przebaczenie w duchu miłosierdzia, które jest najważniejszym przymiotem Stwórcy. Kaznodzieje winni szczególnie tu głosić integralną prawdę Bożą.

Jeżeli duchowni nie traktują poważnie swoich obowiązków, to jak wymagać od wiernych zachowywania podstawowych kościelnych przykazań? W końcu przykład idzie z góry…

Według słów ich czyńcie, według uczynków nie postępujcie – mówi Jezus. Człowiek, który podejmuje odpowiedzialność za Kościół na mocy łask sakramentów chrztu i bierzmowania, będzie ubolewał nad miernotami wśród księży, ale swoim życiem postara się wyrównywać braki, natomiast taki przeciętny katolik nie słucha nawet dobrego księdza, a już, jeśli kapłan nie stoi na wysokości zadania, to ma gotową wymówkę. Takich nie jest znów aż zbyt wielu. Ludzie dzięki wierze są odporni także na słabości duchownych. No, ale zło istnieje.

Podsumowując: czy jest Ojciec w stanie określić stan jakościowy dzisiejszych form głoszenia Ewangelii? Czy można tutaj mówić o jakimś kryzysie? Jeżeli tak, to czy są szanse na poprawę?

Fakty nas zawstydzają. Jeśli mając do dyspozycji dziesiątki tysięcy ambon i kapłanów doprowadziliśmy do takiej laicyzacji Europy, a czynimy to obecnie ze znaczącymi wynikami i w Polsce, to znaczy, że kaznodziejstwo nie wytrzymuje konkurencji z mową mediów, głoszących sugestywnie prawdy obojętne, albo wręcz wrogie ewangelii. Jeden z aktorów amerykańskich powiedział któremuś arcybiskupowi: *Bo my głosimy nieprawdę, jakby to była prawda, a wy głosicie prawdę, jakby to była nieprawda.* Lekarstwo jest bardzo bolesne – podane przez św. Jana Pawła II: *Nie trzeba się lękać świętości.*

Dziękuję za rozmowę.

Niektóre kobiety mają to do siebie, że oscylują pomiędzy dwoma skrajnościami — przesadną skromnością a zupełnym brakiem granic moralnych. Lekarstwem jest przekonanie o swojej wyjątkowej osobowości. Wtedy, już po spojrzeniu i rozmowie, można stwierdzić, że to jest ktoś i nie ma potrzeby eksponowania wszystkich swoich wdzięków. Wtedy to, kim ona jest, staje się najważniejsze. Niestety, kompleksy niszczą ten układ... (Leon Knabit OSB)

**PRAWDZIWA MIŁOŚĆ
WIDZI W RYZYKU
SZANSĘ NA ROZWÓJ.
CI KTÓRZY NIE UMIEJĄ KOCHAĆ,
ZAWSZE TYLKO SIĘ OBAWIAJĄ...**

O SAMOTNOŚCI SŁÓW KILKA

Temat dzisiejszej rozmowy jest omijany szerokim łukiem. Co z tego, że duża część ludzi żyje samotnie. Jedni przyjmują ją bo muszą, inni chcą, bo im tak wygodnie, jednak problem pozostaje. Postanowiłem zapytać doświadczonego mnicha – ojca Leona co o tym sądzi i jakie jest jego zdanie o samotności.

Zakonnik to ten, dla którego życie samotne to coś normalnego, dlatego wydaje mi się, że zestaw pytań do takiej osoby jest wskazany i mogę liczyć na obiektywne odpowiedzi w tych kwestiach, dodatkowo podparte osobistym doświadczeniem wielu lat życia w klasztorze.

Jacek Zelek: Kilkadziesiąt lat w klasztorze. Jest Ojciec najbardziej znanym zakonnikiem w Polsce. Tysiące spotkań, konferencji itd. Czy to nie przeszkadza w zachowaniu życia samotnego?

Leon Knabit OSB: Trzeba pamiętać, że mnisi to cenobici, a więc ludzie żyjący razem, a nie pustelnicy – samotnicy. Święty Benedykt pisze *Regułę* dla wspólnoty, w której żyją próbujący w oparciu o tę wspólnotę odnaleźć egzystencjalną samotność człowieka – pyłku wobec Boga-Nieskończoności.

Określenie mnich pochodzi od słowa „monachos", czyli 'sam', 'jeden'. Czy zdarzają się takie chwile, że czuje się Ojciec samotny, mimo wspólnoty, która jest wokół?

Takich chwil nie mam. Mówię, że mnich nigdy nie jest sam. Jest nas Piątka: ja i mój Anioł Stróż oraz Trzy Osoby Boskie.

Na brak towarzystwa Ojciec nie narzeka.

Nie! I jest pewna równowaga. W klasztorze nie odczuwam potrzeby dłuższej rozmowy z kimkolwiek. Wystarczają mi kontakty w chórze, rekreacje i dziesiątki przelotnych spotkań z Braćmi po drodze – małe załatwiania. A do Gości indywidualnych czy grupowych nie wychodzę wbrew pozorom zbyt często. Nie szukam okazji, by się spotkać Z KIMŚ lub Z TŁUMEM.

Jest taki piękny cytat: „Samotność to miejsce, które warto odwiedzić, ale nie warto zostać tam dłużej".

Popieram jak najbardziej. Z tym, że potwierdzam wcześniejszą opinię: Prawdziwie wierzący nigdy nie jest sam.

Z drugiej strony jest też straszne zdanie: „Najgorsze, co może spotkać człowieka, to żyć i umrzeć w samotności, nie kochając i nie będąc kochanym". Można i do takiego stanu dojść.

Takich ludzi nie jest za dużo, ale przecież są. Trzeba ich dostrzec, a może i wyszukać (na obrzeżach!). Obdarzyć szczerą miłością, nie koniecznie emocjonalną. W nich jest też Jezus, Któremu pomagamy.

W opactwie tynieckim mnisi mogą sobie „skorzystać" z dni skupienia, takiego czasu wyciszenia i samotności. Wychodzi na to, że człowiek podświadomie szuka odejścia od „szumu codzienności", kolegów i koleżanek, jednym słowem, potrzebuje samotności.

Każdy normalny człowiek potrzebuje od czasu do czasu zwolnić tempo. Po to jest chociażby urlop. Ludzie wierzący odchodzą na mniej lub bardziej zamknięte rekolekcje. Organizowane są też i dni skupienia. Człowiek, który zostawia na boku większość zaangażowań, a często i wszystkie, by być zupełnie sam, ma czas na spokojne przyjrzenie się sobie, uporządkowanie zaległości i przygotowanie się do decyzji, które wkrótce będzie musiał podejmować. Klasztor idzie po tej samej linii; normalne życie we wspólnocie wymaga od czasu do czasu „rozluźnienia cięciwy"...

Był kiedyś czas, że zajmował się Ojciec młodymi zakonnikami, którzy przygotowywali się do życia w klasztorze; również był Ojciec przełożonym. Jakie były najczęstsze problemy związane z samotnością, które dotykały Ojca współbraci?

Ciekawe, nie przypominam sobie, by młodzi mnisi, którzy byli w okresie pierwszej formacji mieli problemy z samotnością. Widać obecność parudziesięciu współbraci na początek wystarczała. Potem już mogło być różnie.

Bywa tak, że rozwiązaniem kwestii życia w ciszy i samotności staje się ucieczka w przesadną aktywność: ważne, żeby o tym nie myśleć... Ostatecznie i tak człowiek musi stanąć twarzą w twarz z tym problemem. Teraz powstaje pytanie: czy nie będzie za późno?

Nie spotkałem się z tym problemem, choć nie przeczę, że może zaistnieć.

W Biblii osoby, które dla Boga odrzuciły życie w związku małżeńskim, są stawiane za wzór. Czy samotność to wyższa forma życia? Jednak nie dla każdego?

Człowiek jest stworzony do bycia we wspólnocie. *Nie dobrze jest być człowiekowi samemu.* Jezus posyła uczniów po dwóch, bo miłość może zaistnieć przynajmniej między dwojgiem *(Bo do tanga trzeba dwojga).* Trzeba pamiętać, że często bycie w pojedynkę jest nie chciane i nie zawinione. Ale Pan Bóg może też powołać kogoś do życia w samotności – dla jakiegoś określonego celu – albo dla Boga samego albo dla ludzi…

Św. Benedykt w swojej „Regule" anachoretów, czyli pustelników, stawia jako najwyższą formę życia zakonnego.

No tak, bo tutaj „partnerem" człowieka jest tylko Bóg – bez ludzi. Można powiedzieć, że jest to kontakt na najwyższym szczeblu. A Bóg przyjęty absolutnie i radykalnie wypełnia duszę całkowicie, nie pozostawiając miejsca na samotność.

Wychodzi na to, że życie samotne wymaga pewnej dojrzałości i przygotowania.

Tak, człowiek nieprzygotowany i nastawiony raczej na bycie w większym lub mniejszym „tłumie", może sobie zupełnie z samotnością nie radzić.

W związkach małżeńskich również panują tzw. „ciche dni", które często się wydłużają i kończą się separacją.

Dzieje się to zwykle wtedy, kiedy małżonkowie nie rozwiązują natychmiast zaistniałych problemów. Uważają, że to przyschnie. A często nie przysycha i zaczynają czuć się sobie obcy. Czasem udaje się to w porę naprawić.

Jednak „okresowa" samotność jest potrzebna każdemu. Człowiek potrzebuje uporządkowania. Przebywając sam ze sobą może odnaleźć harmonię i rozwiązać wewnętrzne problemy.

To jest samotność zaplanowana. Człowiek w każdym stanie i zawodzie powinien tak sobie zaplanować czas, by wyciszyć się i uporządkować. W klasztorze jest obyczaj indywidualnego miesięcznego dnia skupienia. Takie czerwone światło, kiedy wyłączamy niekonieczne prace i spotkania, by pobyć bardziej ze sobą *habitare secum*, jak mówiono o św. Benedykcie. Taką rolę może też spełniać część mądrze zaplanowanego urlopu.

Czy w pewnych przypadkach samotność (separacja) może pomóc w uratowaniu związku dwojga ludzi?

Chyba tak, jeśli zostając sami ze spokojną refleksją, widzą, że kłopoty płynące z bycia razem były spowodowane tylko emocjami i nieporozumieniami, a właściwie życie bez drugiej – tej właśnie połowy – nie ma sensu.

Panuje pogląd, że samotność jest nienaturalnym stanem. Czymś złym?

Gdyby była czymś naturalnym, Pan Bóg nie byłby stworzył Ewy.

Na potrzeby rozmowy możemy chyba dokonać pewnego podziału: na samotność pozytywną i negatywną. Pierwsza rozwija, a druga niszczy człowieka. Co Ojciec sądzi?

Tak, to wynika z tego wszystkiego, o czym żeśmy dotąd rozmawiali.

Co Ojciec mówi ludziom, którzy przychodzą i skarżą się na swoją samotność?

Trochę mnie to dziwi, ale niewiele osób rozmawia za mną o samotności. Jeśli tak, to niektórym wystarcza pamięć o nich w modlitwie i odezwanie się od czasu do czas telefonicznie lub e-mailowo. Wierzącym mówię, że nie są sami, bo zawsze z nimi jest ich Anioł Stróż i Trzy Osoby Boskie. I to nie jest zepchnięcie problemu, bo tak jest.

Wydaje mi się, że kobiety bardziej przeżywają opuszczenie i osamotnienie niż mężczyźni. Patrząc z perspektywy doświadczenia duszpasterskiego, Ojciec też tak sądzi?

Chyba tak, gdyż kobiety przywiązują się bardziej emocjonalnie, sercem. Mężczyźnie jest łatwiej znaleźć pocieszenie –

inną osobę, zajmującą pracę; choć niekiedy przeżywają osamotnienie równie głęboko.

Najczęściej „samotność" dotyka najstarszych. To oni są odrzucani i zepchnięci na margines społeczny.

Czy „najczęściej"? Trzeba by zrobić dokładny obiektywny sondaż. Zależy tu wiele od otoczenia oraz od umiejętności człowieka znalezienia się w nowej sytuacji, a wiadomo, że dość często i młodzi czują się wyobcowani i samotni w tłumie.

Domy spokojnej starości to wizja dość pozytywna. Przebywając tam, starszy człowiek nie jest pozbawiony towarzystwa. Gorzej, jak „staruszek" zamyka się w czterech ścianach i tyle.

W DPS-ach na ogół panuje niezła atmosfera, dobry personel wie, co robić, by starszy człowiek był aktywny i czuł się wciąż potrzebny. Zamykanie się w czterech ścianach, to znak głębokiego zranienia, albo mniej czy bardziej zaawansowanej choroby psychicznej. Warto takich ludzi otoczyć modlitwą i szczególną troską.

Czy samotność jest źródłem „dziwactw"? Jest coś takiego, że najczęściej starzy kawalerowie lub stare panny wchodzą w stan różnych przyzwyczajeń, np. zbieractwo, zaniedbanie, brak higieny, sknerstwo itp.

Można powiedzieć, że starokawalerstwo czy staropanieństwo to jest bardziej stan ducha niż stan cywilny. Wielu jest dziwaków płci obojga, żyjących w stanie małżeńskim. Ale oczywiście samotność nie chciana sprzyja powstawaniu różnych dziwactw.

Chyba chodzi tutaj o zapełnienie wolnego czasu, który pozostał osobie starszej. Stąd ucieczka w różne dziwaczne przyzwyczajenia.

Niektórzy starsi ludzie cieszą się wolnym czasem i umieją go sobie wypełnić z pożytkiem własnym i dla otoczenia. Niektórym można podsunąć możliwość rozmaitych zajęć pożytecznych, a przynajmniej terapeutycznych. A są i tacy, którzy nie umieją lub nie chcą korzystać z wolnego czasu i po prostu dziwaczeją.

W książce „Dusza z ciała wyleciała. Rozmowy o śmierci i nie tylko" rozróżnia Ojciec pojęcie samotności i osamotnienia.

Tak, samotność, to łagodniejszy stan. Może być przez człowieka wybrany, może się też w każdej chwili skończyć. A osamotnienie, to stan narzucony przez warunki życiowe. *Nie ma do kogo pójść, nie ma do kogo zadzwonić.*

Inaczej wygląda sprawa wdów i wdowców. Co z nimi? Nowy związek? Czasami wygląda to dość komicznie, gdy widzimy 70-latka, który bierze ślub z 30-latką?

Odnowiła się dzisiaj instytucja wdów konsekrowanych, które swoje wdowieństwo na mocy szczególnej konsekracji oddają całkowicie na służbę ludziom w Kościele. To naprawdę piękna i sensowna sprawa. Nie wiem, czy są wdowcy konsekrowani. Ale powtórne małżeństwo, uznane także przez św. Pawła, jest często bardzo udane. Różnica wieku wydaje się niekiedy komiczna, ale jeśli takie małżeństwo ma za podstawę szczerą miłość, a nie, jak to dość często bywa, pieniądze, to oby takich małżeństw było jak najwięcej.

Młodzi ludzie uciekają od samotności. Boją się jej. Często wchodząc w „toksyczne" związki, byle tylko nie być samemu.

Rozumiem takich ludzi, ale ze wszystkich sił ich od takiego lekarstwa odwodzę. Często potem problemy są gorsze, niż te związane z samotnością. A świątobliwy biskup podlaski, Ignacy Świrski mawiał: „Jedna głowa nie jest biedna, a jeżeli biedna – no to jedna!"

Czy taka ucieczka do czegoś prowadzi?

Czasem się udaje. Znów trzeba zebrać materiał z życia.

Niestety z powodu samotności wiele osób cierpi na depresję. Kolejne porażki w związkach prowadzą do zamkniętego koła, które ostatecznie może doprowadzić do samobójstwa.

Według moich doświadczeń, są to wypadki bardzo rzadkie.

Czy ma Ojciec jakąś receptę na to, jak sobie radzić z samotnością? Żeby nie popaść w depresję czy też załamanie, a jednocześnie nie wejść w jakąś złą relację?

Warto przeczytać sobie tę naszą rozmowę, a w konkretnym przypadku, trzeba koniecznie nawiązać kontakt osobisty z człowiekiem, który się w takiej potrzebie znajduje.

Mówił Ojciec w rozmowie z Łukaszem Wojtusikiem w książce „Dusza z ciała wyleciała", że „zbyt długa samotność, będąca wynikiem straty, może prowadzić do depresji". Co wtedy robić?

To jest zadanie dla rodziny i przyjaciół. Nie można zostawić takiego człowieka samego, by wśród serdecznych przyjaciół PSY ZAJĄCA ZJADŁY.

„Człowiek nie powinien umierać sam". Nie każdemu się to udaje.

Dobrze, gdy umiera wśród życzliwych sobie. Rozumiała to Matka Teresa z Kalkuty, która umierającego biedaka choć za rękę trzymała. Jednak ostatecznie z tajemnicą śmierci każdy człowiek musi się zmierzyć osobiście.

Samotność też może prowadzić do pewnego rodzaju „wygodnego" życia. Nie chcę zakładać rodziny, podejmować odpowiedzialności, tylko i wyłącznie z lenistwa.

Ludzie mają prawo tacy być, ale warto nie odsuwać się od nich, lecz próbować pokazać, że mają możność znalezienia wewnętrznej satysfakcji w czynieniu jakiegoś dobra innym. Choćby z nudów, jeśli takim podlegają. Czasem to chwyci…

Tworzy się nowa warstwa społeczna, tzw. „single", którzy kierują się jednym: „hulaj dusza, piekła nie ma". Bez zobowiązań, robię co chcę. Można się domyślać, że tego typu skrajność raczej nie prowadzi do czegoś dobrego?

Nie podoba mi się słowo „singiel". Kojarzy się z cynglem. Jeśli taki jest wierzącym, to wiele szkody nie narobi, ale jeśli nie wierzy w Boga, nie uznaje wartości, jak tylko własne chętki i zachcianki, warto być od niego z daleka, a nie ustawać w modlitwie o nawrócenie. Ale nie wolno zapominać, że są osoby samotne z wyboru. Radosne, z wyraźnie sprecyzowanym celem życia, a bez powołania do zakonu czy jakiejkolwiek wspólnoty. Często zresztą wiążą się luźno z jakąś grupą duchową.

Introwertyk ma większą skłonność do życia samotnego, ze względu na jego charakter. Są to najczęściej osoby, które określa się „dziwakami". Widać to wyraźnie w szkołach, gdzie „podział klasowy" jest bardzo wyrazisty.

No tak, to jest stwierdzenie faktu. Obecnie nie mam na tyle kontaktu ze szkołami, bym mógł z doświadczenia coś powiedzieć o tym „podziale klasowym".

Zdarza się, że uwarunkowania rodzinne i społeczne prowadzą do wyboru samotności.

Owszem, zdarza się. Ale jak często?

Być może jest to zbyt mocne stwierdzenie, ale obawiam się, że dopóki sytuacja finansowa Polaków nie poprawi się, coraz więcej osób będzie uciekało w tzw. „singielstwo".

Nie wydaje mi się. Bo przecież, jak wielu bogatych woli dzisiaj żyć samotnie i bez zobowiązań! Tu decyduje wychowanie i dojrzałość młodych. Liczni – i to wcale nie najbogatsi – z radością podejmują trud małżeństwa, ojcostwa i rodziny, jako zadanie, które ich pasjonuje. Prawdziwa miłość do żony jest tu ważnym motorem działania.

Z jednej strony są to niepokojące objawy, życie bez zobowiązań, życie dla samego siebie, ale realnie jedynie opłacalne.

Wielu młodych nie stać na życie w związku, nie mówiąc o zakładaniu rodziny.

Prawdziwa miłość widzi w ryzyku szansę na rozwój. Ci którzy nie umieją kochać (Boga i ludzi!), zawsze tylko się obawiają.

Wychodzi na to, że sytuacja gospodarcza i uwarunkowania polityczne również mają wpływ na tak osobistą sprawę, jak wybory życiowe, to czy ktoś będzie samotny, czy nie.

Oczywiście. Dlatego Władze mają obowiązek przez mądrą politykę gospodarczą i społeczną ułatwiać start życiowy młodym. Inaczej podcinają gałąź, na której siedzą.

Ciągnąc dalej kwestie społeczne, sytuacja finansowa również może doprowadzić do osamotnienia. Raczej nie utrzymujemy kontaktów z ludźmi, którzy kombinują i żyją z pożyczania pieniędzy...

Bo się boimy, by nas nie nabrano. Można takiemu człowiekowi wskazać drogę, pomóc, jeśli zdolny jest pomoc przyjąć.

Czy Ojciec uważa, że rząd powinien zadbać o młode pokolenie? Szczególnie jeśli chodzi o sytuację finansową i rozwój młodego człowieka. Nowe miejsca pracy, inwestowanie w przedsiębiorczość.

Wszyscy światli obywatele przypominają to kolejnym rządom i w miarę możności pomagają w realizacji. Jakie są tego efekty, widzimy w praktyce. Osobiści uważam, że np. 500+ miało sens. Wszystkie zainwestowane w rodziny pieniądze zostały przecież w kraju.

A jak Kościół może pomóc osobie osamotnionej?

Proboszcz powinien znać swoją parafię i mieć rozeznanie w potrzebach swoich owieczek. Grupy parafialne mają dopomóc w dotarciu do osób szczególnej troski. W dobrze prowadzonej parafii nie ma osób osamotnionych.

Dziękuję za rozmowę.

SZYMON HIŻYCKI OSB

Studiował teologię oraz filologię klasyczną; odbył specjalistyczne studia z zakresu starożytnego monastycyzmu w kolegium św. Anzelma w Rzymie. Jest miłośnikiem literatury klasycznej i Ojców Kościoła. W klasztorze pełnił funkcję opiekuna ministrantów, duszpasterza akademickiego, bibliotekarza i rektora studiów. Do momentu wyboru na urząd opacki był także mistrzem nowicjatu tynieckiego. Wykłada w Kolegium Teologiczno-Filozoficznym oo. Dominikanów oraz jest autorem licznych artykułów na portalu „PS-PO".

Często ludzie podejmują decyzje życiowe pod wpływem strachu bądź z braku odpowiedzialności. Myślę jednak, że rzadko znajdują przez to pokój i dlatego nie są w stanie wytrwać w obranym sposobie życia i będą musieli znów uciekać. To dotyczy nie tylko życia zakonnego, ale także małżeńskiego czy samotnego (Szymon Hiżycki OSB)

UCIEKAJ OD LUDZI, WYCISZ SIĘ WEWNĘTRZNIE...

DLACZEGO OJCOWIE PUSTYNI MOGĄ BYĆ DLA NAS PRZYKŁADEM UPORZĄDKOWANEGO STYLU ŻYCIA?

Dzisiejsze media prześcigają się w udzielaniu odpowiedzi na pytanie: JAK ŻYĆ? Ilu autorów, tyle odpowiedzi. Ja chciałbym sięgnąć nieco głębiej i daleko w przeszłość, bo do czasów Ojców Pustyni (IV–V w.), którzy kształtowali zręby duchowości chrześcijańskiej. Po lekturze setek apoftegmatów i przewertowaniu podobnej ilości stron z nauczaniem Ojców, muszę przyznać, że w kwestii ascezy i praktyki modlitwy mówili oni, JAK JEST i jak powinno być. Niewątpliwym potwierdzeniem prawdziwości ich słów jest dogłębna praktyka życia. Wszelkie wnioski, z którymi możemy się zapoznać podczas lektury *Filokalii* czy *Apoftegmatów*, wywodzą się z doświadczenia wieloletnich zmagań i osobistych dramatów poszczególnych Ojców Pustyni.

Aby jeszcze lepiej zrozumieć fenomen Ojców Pustyni, postanowiłem porozmawiać o tym z ojcem opatem Szymonem Hiżyckim OSB, który specjalizuje się w tej tematyce.

***Jacek Zelek:** Czytając apoftegmaty, coraz bardziej utwierdzam się w przekonaniu, że Ojcowie Pustyni byli dalecy od ciężkiej i wielowarstwowej teologii, do której bez słownika dogmatycznego raczej zwykły śmiertelnik nie powinien podchodzić. Teologia pustyni jest prosta i zrozumiała. Zastanawia mnie jedno: wtedy było to możliwe, czemu dzisiaj nie sięgamy do nauczania Ojców Pustyni? Dlaczego we współczesnej „teologii ambony" brakuje tej prostoty?*

Szymon Hiżycki OSB: Myślę, że ten pogląd o prostocie teologii pustyni, należy zniuansować. Pierwsi mnisi byli zaangażowani w spory dogmatyczne epoki, pisali o nich z zacięciem, poszczególne grupy braci próbowały wywierać nacisk na hierarchię, aby opowiedziała się za konkretną opcją dogmatyczną. Natomiast kwestia nieobecności Ojców Pustyni we współczesnym kaznodziejstwie (choć można też spotkać homilie, które do nich się odwołują) wynika moim zdaniem z nieznajomości ich nauczania.

Może jednym z powodów tych komplikacji językowych jest brak przełożenia słów na praktykę życiową. Ojcowie Pustyni wyraźnie o tym mówili, a wręcz otwarcie krytykowali pustosłowie wielu chrześcijan, który mówią i mówią, ale brak im tego, co zasadnicze: praktyki.

Myślę, że jest w tym ziarno prawdy.

Jednak czasami pewien komentarz wyjaśniający, do pewnych apoftegmatów, jest konieczny. Prostota języka nie oznacza banalności.

Tak. Wyjaśnienia potrzeba przede wszystkim wtedy, gdy chodzi o kontekst codziennego życia, elementy stroju, niezrozumiałe pojęcia; komentarza wymagają postacie, które pojawiają się w apoftegmatach, i toczone przez nich spory. Apoftegmaty są jak jeden element układanki, który potrzebuje oglądu całości: musimy zobaczyć cały świat, w którym powstały, aby móc je zrozumieć.

Można się chyba pokusić o stwierdzenie, że Ojcowie Pustyni mówili o prawdach uniwersalnych, w czym wspólnym mianownikiem była miłość.

Miłość i bojaźń Boża, ponieważ te dwa tematy powracają regularnie. Z drugiej strony prawdy ogólne Ojcowie pokazują nam za pomocą konkretnego wydarzenia, gestu, krótkiej sentencji. Zawsze mnie głęboko porusza ta wyjątkowa umiejętność wypowiadania tego, co ponadczasowe przez zwykłość życia.

Do miłości miała prowadzić pokora, wyciszenie i umiarkowanie... Mam nadzieję, że niczego nie zapomniałem.

To nie takie proste: one miłość utwierdzają, prowadzą do głębszej miłości, ale jeśli ktoś nie ma w sobie miłości na samym początku, czyli zanim zacznie być pokorny i wyciszony, to nie wyruszy w drogę.

Z uśmiechem na twarzy czytałem o spektakularnych wyczynach niektórych Ojców. Jak dzisiaj rozumieć praktyki ascetyczne, które wtedy były z taką lubością praktykowane aż do granic wytrzymałości?

To jest właśnie jeden z tych punktów w apoftegmatach, który wymaga komentarza. Ojcowie uważali, że człowiek potrzebuje równowagi i aby ją osiągnąć, należy zachować równowagę elementów, z których jest on złożony. Chodzi o mieszaninę wody, ziemi, powietrza i ognia. Stąd biorą się drastyczne nieraz posty, powstrzymywanie się od snu, spanie na ziemi. Wyrzeczenie podjęte w tak radykalny sposób prowadzi ostatecznie do równowagi i wewnętrznego pokoju. Musi mu oczywiście towarzyszyć modlitwa i czynna miłość, ponieważ człowiek jest istotą nie tylko cielesną, ale też duchową, zatem tego duchowego elementu nie może w ascezie zabraknąć. Trochę to dla nas trudne do zrozumienia, ale pamiętajmy, że ówczesna wiedza biologiczna była zupełnie inna niż nasza.

W temacie naszej rozmowy umieściłem fragment apoftegmatu o Arseniuszu, który usłyszał głos mówiący: Uciekaj od ludzi, wycisz się wewnętrznie... Paradoksalnie ucieczka może być zbawienna.

Arseniusz tak naprawdę uciekał do samego siebie, czy też, mówiąc bardziej precyzyjnie, od pokus, które go dręczyły, gdy piastował odpowiedzialne stanowisko na cesarskim dworze. Gdy uciekł na pustynię, wtedy odnalazł pokój.

Dzisiaj często życie zakonne określane jest jako ucieczka, ale w tym negatywnym znaczeniu – strachu przed odpowiedzialnością.

Często ludzie podejmują decyzje życiowe pod wpływem strachu bądź z braku odpowiedzialności. Myślę jednak, że rzadko znajdują przez to pokój i dlatego nie są w stanie wytrwać w obranym sposobie życia i będą musieli znów uciekać. To dotyczy nie tylko życia zakonnego, ale także małżeńskiego czy samotnego.

Innym z tematów, niezwykle tajemniczym, jest pojęcie „apatheia" (beznamiętność). Jak je rozumieć? I czy u Ojców Pustyni nie jest to swego rodzaju forma dystansu, zachowania pewnej oschłości, dzięki której można mieć obiektywne spojrzenie na rzeczywistość?

Beznamiętność jest pojęciem dużo starszym niż nauczanie Ojców Pustyni. Nie chodzi tutaj o wypranie z emocji, ale o uwolnienie się od wad i namiętności. Przez namiętności Ojcowie rozumieli osiem złych myśli (według katalogu Ewagriusza z Pontu): *obżarstwo, nieczystość, chciwość, smutek, gniew, acedię, próżną chwałę i pychę*. Nie myślę, że chodziło im o to, aby być oschłym; raczej dążyli do wewnętrznej wolności, ponieważ te złe myśli, które wymieniłem, są formą zniewolenia.

Jak w sobie wyrobić postawę beznamiętności?

Przez mądre życie. Brzmi to może zaskakująco, pewnie chcielibyśmy usłyszeć coś o wyrzeczeniu i umartwieniu, ale źródłem beznamiętności (w pewnym sensie jej owocem także) jest mądrość. Nie mogę mieć wszystkiego. Nie mogę zaspokoić wszystkich moich zachcianek. Trzeba żyć odpowiedzialnie i zawsze mieć przed oczami prawdopodobne konsekwencje podejmowanych decyzji. Myślę, że te trzy zasady mniej więcej oddają istotę nauczania Ojców.

Wydaje się dzisiaj słuszne stwierdzenie Gabriela Bunge o kryzysie ojcostwa. Ojcowie Pustyni i ich słowa (apoftegmaty), które są formą kierownictwa duchowego, mogą w jakimś stopniu uratować autorytet ojca czy mistrza duchowego.

Ojcowie są potrzebni zawsze i wszędzie. Nawet jeśli zawodzą, a być może zwłaszcza wtedy, gdy zbyt wielu ojców zawodzi.

Jednak żeby miało to ręce i nogi, musimy praktykować, a nie tylko głosić…

No tak, potrzeba ojców z krwi i kości.

Czy określenie „styl życia" w odniesieniu do praktyki Ojców Pustyni nie jest przesadą? Tak wiele się mówi o receptach na życie. Może akurat ta forma jest dzisiaj potrzebna...

Ojcowie obrali pewien styl życia. Mówi się o nich, że byli pijani Bogiem. Czy jest to jeszcze dzisiaj możliwe? Pewnie tak, bo czy życie z Panem Bogiem może kiedykolwiek okazać się czymś bezsensownym?

Człowiek potrzebuje uporządkowania i wydaje się, że duchowość pustynna uczy pewnych praktyk, które prostują zawiłe drogi ludzkie.

Myślę, że podstawą jest to mądre życie Ojców, o którym mówiłem trochę wcześniej.

Jednym z zasadniczych punktów jest modlitwa, która w dużej mierze opiera się na psalmodii, ale jak czytamy wielokrotnie, Ojcowie Pustyni przestrzegali przed nadmiernym gadulstwem podczas modlitwy.

Gadulstwo dla Ojców oznacza upajanie się własnymi słowami. Psalmy nas przed tym chronią – recytujemy tekst biblijny i to on nadaje tok naszym myślom i wyobrażeniom. Nie ma tu gadulstwa, jest nauka Boga, którego poznajemy przez Jego słowo.

Jest to pewien ideał, o którym nieco później napisał św. Benedykt w Regule, gdzie zaznaczył, że modlitwa powinna być krótka. Czyli kolejny raz nacisk został położony na prostotę.

W tym przypadku musimy spojrzeć na kontekst tego zalecenia. Święty Benedykt pisze w ten sposób przy objaśnianiu liturgii chórowej i nakazuje, aby modlitwa wspólna była zawsze krótka. Chodzi zapewne o chwilę modlitewnego milczenia, które mnisi zachowywali po każdym omówionym psalmie. Chodzi zatem o to, aby tego momentu zbytnio nie przedłużać, ale szybko przejść do recytacji kolejnego psalmu.

Może to będzie zbyt ogólne stwierdzenie, ale w dobie zalewu informacji i rozgadania, człowiek jest „głodny prostoty i ciszy".

Człowiek zawsze jest głodny prostoty i ciszy, ponieważ to są naturalne warunki życia duchowego. Trudno żyć w nieustannym hałasie, trudno żyć w świecie, w którym wszystko jest dwuznaczne. Dlatego poszukujemy, może po omacku, pokoju i prostoty.

No właśnie: cisza – to kolejny z ważnych punktów duchowości Ojców Pustyni. Czytamy: Starzec powiedział także, iż brat zapytał abba Pambo, czy dobrze jest chwalić bliźniego, a ten odpowiedział mu: „Lepiej jest milczeć". Ubóstwo słów ma prowadzić do…

Skupienia się na Bogu i zapomnieniu o sobie.

Wracając do tematu modlitwy, dotykamy tutaj niezwykle delikatnej sprawy: jak się modlić? Tyle szkół, tyle technik. I jak tutaj nie mówić o pewnym synkretyzmie?

Chrześcijanin zawsze modli się do Ojca przez Jezusa Chrystusa w Duchu Świętym. Jeśli modlitwa staje się dojrzała, to traci ona dla nas znaczenie, ponieważ najważniejszy staje się Bóg. To trochę jak z oddychaniem: oddycham po prostu, nie myślę o tym ciągle, tylko po prostu oddycham, bo bez tego nie jestem w stanie żyć. Analogicznie: modlę się, ale nie myślę już o tym, tylko skupiam się na Bogu, nie na sobie i swojej modlitwie.

Czy możemy jednoznacznie określić, jak podejść do kwestii sposobu modlitwy? Czy Ojcowie Pustyni podają sprawdzoną metodę modlitwy?

Wiele razy nam o modlitwie mówią, ale nigdy nie robią wykładu zatytułowanego: *Jak się modlić*. Makary Wielki radzi: „Nie potrzeba gadaniny". Co to znaczy? Nie sil się na przekonywanie Pana Boga do swoich racji, wytrwale bądź w Jego obecności, recytuj psalmy, wezwanie modlitwy Jezusowej, a Bóg sam da ci, czego potrzebujesz. W modlitwie nie chodzi o opanowanie jakiejś techniki, ale o Pana Boga i przebywanie w Jego obecności.

Tutaj tylko zaznaczę temat, ponieważ jest on zbyt obszerny jak na jedną rozmowę. Dzisiejszy człowiek musi przejść trudną drogę doświadczenia ośmiu duchów zła, o której pisał Ewagriusz z Pontu. Nie wiem, czy to będzie trafne stwierdzenie, ale uważam, że po przejściu i uporaniu się z duchami zła, możemy mówić o doskonałości. Choć jest to krążenie wokół pewnego ideału, raczej nieosiągalnego.

Antoni Wielki mówił, że pokusy trzeba spodziewać się do ostatniego oddechu. Pewnie walka ze złymi myślami nie ustaje w człowieku ani na chwilę.

Inną sprawą, która odgrywała dużą rolę u Ojców Pustyni, była cnota umiarkowania, czyli, można powiedzieć, znalezienie złotego środka?

Myślę, że tak można to określić. Znowu powrócę do zasady, którą wyżej przytoczyłem: nie można mieć wszystkiego (choć można chcieć mieć wszystko). Kasjan radził, by „powstrzymywać się od tego, czego nie potrafimy dostąpić czy wykonywać, choćbyśmy bardzo chcieli". I znowu dochodzimy tutaj do umiejętności odsiewania tego, co pożyteczne, od tego, co już jest nam zbędne.

Mamy kilka punktów, według których Ojcowie Pustyni postrzegali rozwój wewnętrzny człowieka, ale od którego najlepiej zacząć?

Od początku! A początkiem zawsze jest modlitwa, czyli powolne uczenie się codziennego bycia z Panem Bogiem.

Wydaje mi się, że czytelnicy chcieliby się dowiedzieć, z jakich opracowań czy też źródeł korzystać w zapoznawaniu się z duchowością pustynną. Co Ojciec mógłby polecić?

Myślę, że warto zacząć od lektury apoftegmatów. Każde wydanie zaopatrzone jest we wstęp, który wyjaśnia różne kwestie, pomocne w rozumieniu konkretnych tekstów. Bardzo dobre są książki ojca Gabriela Bungego, który Ojców Pustyni, zwłaszcza Ewagriusza, zna znakomicie. Mamy też kilka bardzo dobrych publikacji ks. Leszka Misiarczyka (to o Ewagriuszu). Do Kasjana najlepiej „wejść" przez monografię *Kasjan mnich* amerykańskiego benedyktyna, ojca Columby Stewarta OSB.

A na koniec jeszcze malutka prośba. Strasznie mnie ciekawi, jakie są Ojca ulubione cytaty z Ojców Pustyni i dlaczego? Może jest jakiś jedyny, ulubiony?

Zawsze wracam do tego apoftegmatu:

Abba Teodor z Ferme prosił abba Pambo: „Powiedz mi słowo". Z wielkim trudem odpowiedział mu w końcu: „Teodorze, idź, okazuj litość każdemu: bo litość ma swobodny przystęp do Boga".

Dziękuję za rozmowę.

Modlitwa Jezusowa to nie jest zaklęcie, które cudownie rozwiąże nasze problemy. Chodzi raczej o to, aby krok po kroku wraz z Chrystusem przemienić swoje życie (Szymon Hiżycki OSB)

WSPÓŁCZESNY CZŁOWIEK POTRZEBUJE UPORZĄDKOWANIA...

O MODLITWIE JEZUSOWEJ

Śmiem twierdzić, że nie ma takiego człowieka na Ziemi, który nie pragnie ciszy i spokoju, niektórzy powiedzą: szczęścia. Często zadowalamy się jedynie marną imitacją ciszy i spokoju. Czujemy nieustanną potrzebę czegoś więcej; czegoś, co wykracza poza chwilowe przyjemności i, co ważne, nie kończy się, dając wewnętrzną radość ze zwykłej codzienności. W chrześcijaństwie wytworzyła się praktyka, która sięga pierwszych wieku Kościoła, zwłaszcza III–IV wieku i zwie się modlitwą Jezusową.

W dzisiejszym odcinku serii „Rozmowy z..." będzie bardzo poważnie. Postanowiłem podpytać Szymona Hiżyckiego, opata tynieckiego, o praktykę modlitwy Jezusowej – czym ona jest, jak ją realizować w życiu świeckim i co robić w momencie doświadczania różnego rodzaju pokus i załamań naszej czujności. Mój rozmówca jest autorem niedawno wydanego krótkiego podręcznika pt. „Modlitwa Jezusowa. Bardzo krótkie wprowadzenie", jak również prowadzi cieszące się dużą popularnością spotkania w Tyńcu „Oddychać Imieniem", podczas których uczestnicy praktykują modlitwę Jezusową.

Jacek Zelek: Jest takie zdanie św. Grzegorza z Nazjanzu: „Dla człowieka bardziej naturalne jest modlić się niż oddychać". Ze świeckiego punktu widzenia jest w tym jakaś sprzeczność.

Szymon Hiżycki OSB: Grzegorz pisze z punktu widzenia wiary chrześcijańskiej. Dla niego modlić się oznacza wejść w głęboką relację z Bogiem, mieć z Nim silną więź. Dlatego pisze, że ważniejsze jest od oddychania, co brzmieć może nieco szokująco. Ale tak jest w istocie: kiedyś człowiek umrze, przestanie oddychać, a to, co istotne, więź z Bogiem, pozostanie na wieki.

Napisał Ojciec: „Człowiek nie znajdzie szczęścia sam ze sobą: musi wejść w relację z Bogiem i innymi ludźmi, aby odnaleźć pokój". A co z ateistami czy agnostykami? Wiele im nie zostaje.

Miałem po pierwsze na myśli chrześcijan kręcących się wokół siebie, ale także ludzi poranionych, którzy skrzywdzeni przez innych nie mają odwagi na wyjście do innych ludzi. Czy ateista i agnostyk może być szczęśliwy bez Boga? Myślę, że tak do końca nie, jeśli przyjmiemy, że pełnia szczęścia to życie wieczne. I to jest drugi aspekt tej opinii: ostateczne szczęście człowiek znajdzie w relacji z Bogiem i bliźnimi, którą nazywamy rajem a tutaj jakoś ją zapowiadamy przez wspólnotę Kościoła. Zatem po drugiej stronie naszego życia stajemy przed naszym Stwórcą i wtedy ostatecznie rozstrzygnięte zostaje nasze szczęście bądź wieczne potępienie.

W polskiej kulturze mocno zakorzenił się kult różańca. Modlitwa Jezusowa jest nieznana. Nie powinno być na odwrót?

Jest jak jest. Nie powiedziałbym, że ci którzy modlą się różańcem, modlą się gorzej. Najważniejszy jest Bóg i to, jak buduję więź z Nim.

Nasza modlitwa najczęściej sprowadza się do „klepania" kolejnych, wyuczonych formułek. We wstępie do książki „Modlitwa Jezusowa. Bardzo krótkie wprowadzenie" postawił Ojciec bardzo słuszne pytanie: „W jaki sposób sprawić, aby stare drzewo na nowo zakwitło?" No właśnie, w jaki?

Zabrzmi to cukierkowato, może w trochę mdły sposób, ale nie widzę innej drogi jak umiłowanie Pana Boga. Jeśli bardzo się Go kocha, wówczas każdy czyn i każdy akt zyskują nowy wymiar. Nie ma spraw i rzeczy obojętnych.

Żeby było jasne, trzeba rozróżnić kilka określeń, których używamy: modlitwa Jezusowa, modlitwa serca (nieustanna) i medytacja chrześcijańska. Często używa się tych sformułowań wymiennie. A to jest błąd...

Te określenia dotyczą różnych poziomów modlitwy, różnych stopni zażyłości z Panem Bogiem. Modlitwa serca jest jej stopniem najwyższym, bo obejmuje całego człowieka tu i teraz.

Modlitwa Jezusowa to nie tylko regularne powtarzanie formuły modlitewnej.

Nie tylko. To pewien pomysł na życie: skoncentrowanie wszystkich swoich działań na osobie Jezusa Chrystusa. Docelowo ma prowadzić do modlitwy nieustannej.

Niektórzy chcieliby ją sprowadzić do zaklęcia, formuły działającej samej z siebie, i tyle...

Tak myśląc, poddajemy się myśleniu magicznemu: wykonam jeden gest, wypełnię rytuał, wypowiem słowo i wszystko samo cudownie się zmieni. Formuła modlitewna to nie jest zaklęcie, które cudownie rozwiąże nasze problemy. Chodzi raczej o to, aby krok po kroku wraz z Chrystusem przemienić swoje życie.

Wydaje mi się, że „strach" przed modlitwą Jezusową może być pochodną kontrowersji, które narosły wokół medytacji chrześcijańskiej. Tak jak wspominałem wyżej, często są to pojęcia mylone między sobą.

Myślę, że nie ma lęku przed modlitwą Jezusową, przynajmniej ja się z czymś takim nie spotkałem. Natomiast są istotnie różnice pomiędzy tym, co pisał Main o medytacji chrześcijańskiej a przyzywaniem Imienia w sposób, o którym piszą Ojcowie.

Dużą rolę w krzewieniu modlitwy monologicznej odegrał św. Jan Kasjan, którego koncepcja powtarzania jednej formuły stała się fundamentem działalności Światowej Wspólnoty Medytacji Chrześcijańskiej.

Jan Kasjan (zm. ok. 435) jest pierwszym autorem, który wprost pisze, aby modlić się za pomocą jednej formuły, przy czym proponuje on werset z psalmu: „Boże, wejrzyj ku wspomożeniu memu, Panie, pośpiesz ku ratunkowi memu". John Main odwoływał się do pism Jana Kasjana, ale w kilku punktach zmienił jego nauczanie, poczynając od proponowanej formuły modlitewnej.

W praktyce modlitwy Jezusowej jest pewien schemat: najpierw I etap: powtarzanie formuły połączone z życiem sakramentalnym; II etap: modlitwa serca i III etap: modlitwa nieustanna. Tak w skrócie: na czym polega II i III krok dla praktykującego?

Nie wiem. Ciągle jestem na pierwszym etapie.

Tutaj jest ważne z kolei znaczenie pojęcia „serce".

Serce oznacza centrum człowieka, to, kim on tak naprawdę jest. Modlitwa musi być docelowo modlitwą serca, czyli mam się modlić całym sobą, mam wejść w relację z Bogiem taki, jaki jestem. Inaczej trudno mówić o prawdziwej więzi.

Zdanie „Panie Jezu Chryste, Synu Boga Żywego, zmiłuj się nade mną, grzesznikiem!", które stanowi fundament modlitwy Jezusowej, jest w Ojca książce określone jako streszczenie Ewangelii. Dlaczego?

Ewangelia mówi o Synu Bożym, Który z miłości do nas stał się człowiekiem i umarł na krzyżu, aby nas zbawić. Taki jest cel życia Jezusa: dać życie, przynieść pojednanie. To zdanie mówi i o Jego bóstwie, i o Jego człowieczeństwie. Modląc się nim wyznajemy, że Jego pragnieniem jest zbawienie nas, stąd prośba o miłosierdzie.

Przejdźmy teraz do kwestii samej praktyki. W tradycji Ojców bardzo duży nacisk jest położony na czystość myśli, brak rozproszeń. Czujność odgrywa tutaj zasadniczą rolę.

Ważne, co będziemy rozumieć pod pojęciem myśli. Ojcom chodzi o wewnętrzne uporządkowanie i poznanie siebie. Modlitwa nie może polegać na życiu marzeniami, ale na bardzo dogłębnym poznaniu Boga, rzeczywistości, siebie samego i swoich obowiązków. Czystość myśli oznacza wewnętrzną przejrzystość, wolność od urazów, życzeniowego myślenia, resentymentu i chęci zemsty. Z tej czystości wynika skupienie – czyli wybór tego, co istotne, a zatem życia wiecznego, Boga, miłości. To przekłada się potem na skupienie podczas modlitwy: chodzi mi w niej o Boga i tylko o Boga. Wtedy wszystko jest na swoim miejscu.

Ojcowie nawet przestrzegali swoich uczniów przed wyobrażaniem sobie Boga…

Tak. Bo nikt nie wie, jak On wygląda. Ale z drugiej strony tutaj chodzi także o wolność w przypisywania Bogu naszych wyobrażeń, jaki On jest. Takie ograniczanie Pana Boga blokuje nas. Trzeba raczej być gotowym na to, że będziemy poznawać Go coraz lepiej i formuły dogmatyczne, którymi opisujemy Tajemnicę Bożego życia (Wcielenie, tajemnica Trójcy, Eucharystii itd.) będą zyskiwać dla nas coraz głębszy sens.

Rozpoczynam odmawianie modlitwy Jezusowej. Zazwyczaj rano lub wieczorem. Jednak zawsze pojawia się chwila, kiedy człowiek zaczyna przysypiać. Jak sobie z tym poradzić?

Nie przestając się modlić. Jedynym lekarstwem na rozproszenie jest podjęcie modlitwy na nowo.

Z drugiej strony wyzbywając się wszelkich wyobrażeń, myśli itd. dochodzimy do tzw. chmury niewiedzy, która dla początkującego może być ciężkim doświadczeniem opuszczenia przez Boga. Co wtedy?

To błogosławiona chwila, kiedy możemy przed Bogiem upaść na kolana w takim mroku wiary. Wówczas czcimy Go ze względu na Niego samego i na to wszystko, co dla nas zrobił poczynając od stworzenia aż po dzieło odkupienia na krzyżu. To, że Go nie czujemy, nie oznacza, że Go nie ma.

Niedługo po rozpoczęciu praktyki modlitwy Jezusowej pojawia się znudzenie. Jak to kiedyś było: „siedzimy, nic się nie dzieje..." Bywa, że po paru tygodniach rezygnujemy, ponieważ brakuje nam „fajerwerków duchowych".

To dobrze, że dociera się do takiego punktu. Jak mówiłem, tym, co powinno nas interesować to kochanie Boga. Po prostu. Bez żadnych dodatków.

Jeden z owoców modlitwy Jezusowej to przemiana myślenia. Mógłbym prosić o rozwinięcie tematu? Jak to się dzieje, że podejmując praktykę tej modlitwy, przemieniamy się?

Plotyn napisał kiedyś, że człowiek staje się tym, w co się wpatruje. Modlitwa Jezusowa to wpatrywanie się w naszego Zbawiciela, przestawanie z Nim każdego dnia, ofiarowywanie Mu całego naszego trudu i dzielenie się z Nim naszą radością. Stopniowo, dzień po dniu, upodabniamy się do Niego, porzucając nasze myślenie o świecie i przyjmując Jego punkt widzenia. Chodzi o stopniową transformację naszej wizji świata z ludzkiej na boską. Biblijnie określa się to mianem nawrócenia, które nie polega na tym, że człowiek przestaje grzeszyć –

to tylko konsekwencja owej przemiany – ale bardziej na tym, że stajemy się coraz bardziej podobni do Boga.

Następną sprawą, która może budzić pewne kontrowersje, to łączenie modlitwy Jezusowej z oddechem. W tradycji jogi jest tzw. pranajama (techniki kontroli oddechu). W książce „Filokalia. Teksty o modlitwie serca" na temat praktyki modlitwy Jezusowej jest sporo trudnych tekstów, gdzie Ojcowie Pustyni próbują wyjaśnić kwestię oddechu w czasie modlitwy, a który ma służyć zstąpieniu umysłu do serca.

Łączenie modlitwy z oddechem jest jedną z technik, wcale nie najważniejszą. Żeby dobrze zrozumieć problem, trzeba pamiętać, że ciało również musi mieć udział w naszej modlitwie, bo człowiek nie składa się tylko z elementu duchowego. W modlitwę zaangażowane są nasze kolana, gdy klęczymy, ręce, gdy trzymamy je złożone. Ojcowie już wcześnie odkryli, że regularny oddech może pomóc w skupieniu na Bogu. Chrześcijanin, łącząc wezwanie modlitewne z oddechem, chce tylko znaleźć wyciszenie, centrum, które pomoże mu w skupieniu powierzyć się Jezusowi. Nie oddech jest najważniejszy, ale Bóg.

W książce przeczytałem, że pozytywnym znakiem jest spokojne przyzywanie Imienia Jezus nawet podczas zabiegu na fotelu dentystycznym. To już chyba lekka przesada.

Spontaniczne przyzywanie Imienia może pojawiać się w różnych momentach. Myślę, że nie warto blokować takich natchnień. To tak, jak gdyby Pan Bóg pukał do naszego serca i pytał, czy jesteśmy w domu. Naszą odpowiedzią wówczas jest Imię Zbawiciela.

Takim sztandarowym przykładem praktykowania modlitwy Jezusowej jest postać Pielgrzyma z książki „Opowieści Pielgrzyma", dla którego celem i sensem życia było znalezienie odpowiedzi na nurtujące go pytanie: jak modlić się nieustannie?

Opowieści to książka już dzisiaj legendarna. Czytając ją, można skupić się tylko na aspekcie technicznym, ilości wezwań, rytmie serca itd. Jej sedno jednak polega na opisie przemienienia człowieka, o którym mowa była wyżej: absolutne centrum w życiu bohatera zajmuje Bóg i Jego miłość.

Może to będzie zbyt ogólne pytanie, ale czy można powiedzieć, że dzisiejszy człowiek potrzebuje uporządkowania, zarówno życia prywatnego, jak i duchowego?

Człowiek zawsze potrzebuje uporządkowania, nie tylko człowiek współczesny. Czasem można je osiągnąć łatwiej, czasem trudniej, ale zawsze będzie to połączone z walką. Pytanie brzmi o podstawowe kryterium: według jakich zasad ta praca ma się odbywać. Ojcowie mówią, że jej osią ma być Bóg: czy to, co czynię, jak żyję, ostatecznie przybliża mnie do Boga i pomaga Go poznać lepiej i gorliwiej Mu służyć?

Zainicjował Ojciec w Tyńcu serię spotkań pt. „Oddychać Imieniem", podczas których uczestnicy intensywnie praktykują modlitwę Jezusową. Jak wygląda taki dzień podczas rekolekcji „Oddychać Imieniem"?

Uczestnicy zjeżdżają się w piątek wieczorem. O godzinie 16 jest spotkanie wprowadzające dla tych, którzy nigdy nie mieli kontaktu z modlitwą Jezusową. O 17 są Nieszpory i potem spotkanie organizacyjne. Po kolacji i wigiliach mamy 20 minutową praktykę modlitwy. Sobota rano oprócz modlitwy chórowej (jutrznia, nieszpory, wigilie niedzielne) to dwa 1,5 godzinne spotkania, podczas których wygłaszane są dwie konferencje, a reszta czasu jest przeznaczana na modlitwę Jezusową. O godz. 12 celebrujemy Eucharystię. Niedziela to dzień podsumowania: jedna konferencja połączona ze wspólną praktyką modlitwy Jezusowej. Po Mszy Świętej jest czas na wymianę doświadczeń. Podsumowując, staramy się łączyć modlitwę liturgiczną, osobistą (zachęcam uczestników, aby w czasie wolnym modlili się sami) i wspólne praktykowanie modlitwy Jezusowej.

Wiem, że zainteresowanie jest bardzo duże. Okazuje się, że ludzie potrzebują takiej formy, czystej i prostej modlitwy. Jednym słowem: powrót do źródeł.

Tak. Myślę, że to dobry znak.

Po doświadczeniu już ponad roku prowadzenia spotkań na temat modlitwy Jezusowej, czy jest Ojciec w stanie wskazać, z czym uczestnicy mają najwięcej problemów?

Myślę, że tak jak zawsze: z uwierzeniem, że modlitwa jest możliwa i że także oni mają stać się ludźmi modlitwy. Wyobrażenie tego, jak modlitwa ma wyglądać jest paraliżujące. Tymczasem trzeba po prostu modlić się. Każdego dnia.

Z drugiej strony, czy pojawiają się pierwsze owoce takich spotkań?

To że ludzie wracają, piszą listy, że dalej się modlą. Ziarno zostało rzucone. Mam nadzieję, że wyda plon.

Są teksty źródłowe, opracowania historyczne. Skąd pomysł na stworzenie krótkiego przewodnika po praktyce modlitwy Jezusowej?

To trochę spłata długu wobec uczestników, od których wiele się nauczyłem. Z drugiej strony chciałem wydać krótką książeczkę, napisaną w miarę prostym językiem, aby jak najwięcej ludzi zapaliło się do modlitwy.

Plany na przyszłość? Jest projekt FILOKALIA, pierwsza taka inicjatywa w Polsce, czyli dla niewtajemniczonych – pierwszy polski przekład pism duchowych (IV–XV wiek), w których m.in. jest mowa o modlitwie Jezusowej. Co dalej?

Myślę, że potem trzeba będzie przygotowywać edycje popularne poszczególnych tekstów, przetłumaczyć książki, które o modlitwie Jezusowej mówią w sposób fachowy. Myślę też o Oddychać Imieniem: chciałbym, aby te rekolekcje były jeszcze bardziej dostępne.

Co Ojciec poleciłby jako lekturę duchową osobom, które rozpoczynają „przygodę" z modlitwą Jezusową?

Myślę, że warto zacząć od *Opowieści pielgrzyma* i *Modlitwy Jezusowej* Mnicha Kościoła Wschodniego. Po takim przygotowaniu i przeczytaniu wstępu do *Filokalii* można sięgnąć po to ostatnie dzieło.

Reasumując: nie wiem, czy będzie to możliwe, ale chciałbym, aby Ojciec w kilku punktach wyszczególnił zasady praktyki modlitwy Jezusowej. Tak łopatologicznie. Jak to się robi? Chcę modlić się modlitwą Jezusową, więc co mam robić?

Warunkiem wstępnym jest uzmysłowienie sobie Bożej Obecności i prostego faktu, że nie można nie być w Obecności Boga. Czy zatem jesteśmy skupieni, czy nie, czy pamiętamy o tym, czy zapominamy, to Bóg i tak jest przy nas stale obecny, bo *w Nim żyjemy, poruszamy się i jesteśmy* (Dz 17,28). Pierwszym elementem wejścia na drogę modlitwy jest bezruch. Chodzi o to, aby człowiek na modlitwie wytrwał bez przerywania jej. Dla wielu ludzi to spokojne siedzenie czy klęczenie przed Bogiem jest najtrudniejszym wyzwaniem. Gdy bowiem usiądziemy spokojnie i spróbujemy uciszyć swój umysł, natychmiast dojdą do głosu tysiące myśli, które do tej pory były zagłuszone przez codzienną krzątaninę. Będziemy przekonani, że trzeba natychmiast posprzątać mieszkanie, umyć okna, usmażyć kotlety, zadzwonić do teściowej... Ale cokolwiek by nam przyszło na myśl, to może poczekać te 20 minut. Teraz bowiem robimy coś o wiele bardziej istotnego niż kotlety – modlimy się i przez najbliższy czas nic nie jest ważniejsze. Bezruch to uspokojenie swojego ciała, próba prostego trwania przed Bogiem w rytm powtarzanego wezwania modlitewnego. O ile bezruch w jakimś stopniu przynależy do ciała, naszej sfery fizycznej, o tyle drugi element, milczenie, dotyka już naszego serca; możemy powiedzieć, że to bezruch uwewnętrzniony. W milczeniu chodzi nie tylko o brak głośno wypowiadanych słów, ale także uciszenie w sobie gniewu, żalu, frustracji, chęci zemsty, uciszenie swego wnętrza wobec Boga, który jest obecny. Jak zatem widzimy, milczenie może mieć różne poziomy, podobnie jak różne poziomy może mieć bezruch. Na obydwu płaszczyznach dochodzi do tego, co potocznie określamy jako rozproszenia, kiedy to nasza uwaga nie skupia się na Bogu, ale na jakimś elemencie rzeczywistości albo na nas samych, albo dryfuje sobie spokojnie i bez jakiegoś głębszego celu. W przypadku rozproszeń nie warto jednak się denerwować ani stosować rozwiązań „siłowych" (Teraz już więcej nie będę miał rozproszeń! Natychmiast muszę się skupić! Nie mogę o tym myśleć!) gdyż przynoszą one skutek odwrotny do zamierzonego; należy spokojnie zignorować dokuczliwe myśli, znowu postawić się w obecności Boga żywego i na nowo podjąć przerwaną modlitwę. Ostatnim elementem jest prostota. Tradycja monastyczna zaleca powolne powtarzanie jednej formuły modlitewnej: *Panie Jezu Chryste, Synu Boga Żywego, zmiłuj się nade mną, grzesznikiem!* Słowa te, wypowiadane codziennie z wiarą i pobożnością, budują naszą relację z Jezusem, naszym Zbawicielem. Początkowo to wezwanie będzie jedynie modlitwą ustną. Jednak Duch Święty, który modli się w nas (bo nie umiemy się modlić jak potrzeba) powoli przeprowadzi nas do modlitwy coraz bardziej zakotwiczonej w Bogu. Hezychiusz z Synaju, autor piszący na przełomie VIII i IX w., powiada: *Jak deszcz, im częściej pada, tym bardziej zwilża ziemię, tak również święte imię Jezusa, jeśli się je często wymawia i wzywa, napełnia ziemię naszego serca radością i weselem.* Dobrym znakiem jest zatem stopniowe przyzywanie Jezusa w ciągu dnia, kiedy mamy akurat wolną chwilę w kolejce, tramwaju bądź podczas zabiegu na fotelu dentystycznym. Dobrze, kiedy pamięć o Bożej obecności „wylewa" się poza czas przeznaczony ściśle na modlitwę.

Dziękuję za rozmowę.

Przyjacielem Boga mogę się stać w tej oto chwili. Dla czytelnika uderzający jest fakt, że bez względu na etap życia, w tej właśnie chwili mogę wrócić do Boga, bez względu na to, jak bardzo jestem obciążony. Określę to jako swego rodzaju „bombę filokaliczną" (Szymon Hiżycki OSB)

WYCHOWAĆ LUDZI POKOJU I POJEDNANIA

ABY LEPIEJ ZROZUMIEĆ „FILOKALIĘ"...

Pobieżna lektura bez sięgnięcia do źródeł i opracowań może okazać się pomyłką. Wieloznaczność tekstu, różne poziomy jego rozumienia, różnorodne pochodzenie jego poszczególnych części – to wszystko skłania, by się zatrzymać nad czytaną pozycją i nieco głębiej poszukać. Nie da się ukryć, że *Filokalia*, antologia pism duchowych z okresu między IV a XV wiekiem, stawia wymagania: potrzeba przy jej lekturze konkretnych komentarzy i wyjaśnień zawiłości, które narosły przez wieki.

Staramy się z **ojcem Szymonem Hiżyckim OSB** ukazać model pracy nad takim tekstem jak *Filokalia*. Nie pomijamy strony praktycznej: mówimy o tym, jak to wszystko się odbywa, począwszy od tłumaczenia, na redakcji kończąc. Już sam zakres materiału zakłada konieczność pójścia na skróty tu i ówdzie – o tym wspominamy w toku rozmowy. Skupiliśmy się na dwóch dziełach z I tomu *Filokalii*: **Pseudo-Antoniego Wielkiego i Izajasza Anachorety**, które udostępniliśmy w osobnej serii „Teksty z Filokalii". Będzie ona swego rodzaju przygotowaniem do kolejnych tomów naszego projektu, który za cel ma publikację pierwszego polskiego przekładu Filokalii.

Jacek Zelek: Jaka jest idea wydania Filokalii?

Szymon Hiżycki OSB: Osobiście uważam, że tekst *Filokalii* ma wychowywać ludzi pokoju i pojednania, którzy są bardzo zakorzenieni w Bogu. Ikoną kogoś takiego jest bohater *Opowieści pielgrzyma*. Spójrzmy, jakie miał tragiczne życie: stracił wszystko, a jedynym celem, który go ożywiał, było pragnienie Boga. Dzisiaj, pośród bezsensu i degradacji wartości, właśnie *Filokalia* może być tym fundamentem, na którym będzie dało się zbudować od podstaw uporządkowane życie.

Spotkałem się z pewnym niezrozumieniem co do samego słowa Filokalia, nie mówiąc już o zwykłych pomyłkach w czytaniu tego tytułu.

Filokalia znaczy umiłowanie piękna, umiłowanie tego, co piękne. Spotykamy się z tym pojęciem już u Platona; natomiast w epoce wczesnochrześcijańskiej to słowo znaczyło mniej więcej to, co dziś określamy mianem antologii, kolekcji tekstów. Czyli w wolnym tłumaczeniu można powiedzieć: filokalia to te wszystkie piękne fragmenty, które mi się podobają. U Euzebiusza z Cezarei napotykamy wzmianki, że niejaki biskup Beryl ułożył jakąś filokalię. Do naszych czasów dotrwała *Filokalia* ułożona przez świętych Bazylego Wielkiego i Grzegorza z Nazjanzu – wybór z tekstów Orygenesa.

Tytuł dzieła Makarego z Koryntu i Nikodema Hagioryty można tłumaczyć dwojako – albo jako zbiór tekstów, czyli antologia, albo jako umiłowanie Piękna, czyli dosłownie chodzi o umiłowanie Boga. Być może ta dwuznaczność jest zamierzona.

Pełny tytuł antologii brzmi: „Filokalia świętych ojców neptyckich, ułożona z pism świętych i teoforycznych Ojców, w której przez duchową filozofię działania i kontemplacji umysł zostaje oczyszczony, oświecony i udoskonalony". Pojawiają się tam dwa, dość egzotyczne słowa: „neptyccy" i „teoforyczny".

Nêpsis to czujność. W języku greckim oznacza świadome życie, czyli: nic nie robię bezrefleksyjnie, sprawy wokół mnie nie uchodzą mojej uwadze, rozumiem je, bo jestem świadom życia, które przeżywam.

Theofóros to ktoś niosący Boga. Ojcowie teoforyczni zatem to ci, którzy dzięki swojej nauce i autorytecie przybliżają nam Boga.

Niech mi Ojciec wytłumaczy, dlaczego do tej pory nikt w Polsce nie podjął się dzieła przetłumaczenia całej „Filokalii"?

Łacinnicy nie za bardzo interesowali się *Filokalią*, choć dzieła, które wchodzą w jej skład, już tłumaczone były (np. Ewagriusz z Pontu czy Jan Kasjan). W Polsce do tej pory trwają przekłady dzieł klasycznych – św. Augustyna, Orygenesa, św. Hieronima… Jest jeszcze sporo do zrobienia. *Filokalia* czekała na swój czas, który chyba nadszedł, i właśnie z Tyńca wyjdzie pierwsze polskie wydanie tego skarbca duchowości, z którego każdy będzie czerpać, jeżeli zechce.

W planach jest wydanie pięciu tomów. A współczesne teksty?

Na początku myślmy tylko o tych pięciu tomach, czas pokaże, co będzie dalej.

Możemy już chyba zapowiedzieć, że wraz z I tomem „Filokalii" ukaże się opracowanie tłumacza Cezarego Dobaka.

Tak, to prawda. Będzie to praca poświęcona procesowi tłumaczenia I tomu, która również przybliży czytelnikom tajniki, jak powstaje przekład z języka greckiego i jak ogromna praca jest z tym związana.

Obecnie zdecydowaliśmy się na wydanie dwóch dzieł z I tomu: Pseudo-Antoniego Wielkiego i Izajasza Anachorety. Co w nich znajdziemy?

Tekst Pseudo-Antoniego to zbiór zasad przydatny dla człowieka, który ćwiczy się w cnocie i w filozofii. Całość ma formę zachęty, można ją ująć w takim zawołaniu: *Nie zniechęcaj się niepowodzeniami, cel jest możliwy do osiągnięcia, walcz o cnotę, walcz o poznanie prawdziwej mądrości, wszystko jest w zasięgu twojej ręki. Możesz być pobożny i szczęśliwy.*

Z kolei Izajasz Anachoreta skupia się głównie na zagadnieniu czujności. Na pierwszym miejscu staje tutaj praktyka straży umysłu, kontroli myśli.

Właśnie u Izajasza Anachorety pojawia się określenie „medytacja wewnętrzna", co w kolejnych etapach ma prowadzić do modlitwy Jezusowej.

W języku greckim jest to oddane za pomocą słów *krypte meléte*. W pewnym sensie już samo powyższe greckie określenie jest nawiązaniem do modlitwy Jezusowej. Gdy czytamy *Opowieści pielgrzyma*, widzimy, jak Pielgrzym chodzi i recytuje jedno wezwanie. To jest to, o czym mówimy: powtarzanie modlitwy Jezusowej, w taki sposób, aby w Obecności Bożej trwać nieustannie. Przekładając to na język współczesny, powiedziałbym nawet, że modlitwa Jezusowa ma stać się naszym stylem życia.

Od jak dawna Ojciec myśli o wydaniu „Filokalii"? Czy był konkretnie jakiś moment lub wydarzenie, kiedy pojawiła się myśl o polskim tłumaczeniu całości pism duchowych z języka greckiego?

Od 2005 r. Była to chwila, kiedy po raz kolejny przeczytałem *Opowieści pielgrzyma*. Wtedy, po zetknięciu się z Filokalią, z której korzystał Pielgrzym, pomyślałem, że publikacja w całości w języku polskim musi się ukazać w Polsce.

Dwa płuca: Wschód i Zachód zostaną ubogacone kolejną edycją „Filokalii". Mówiąc krótko, sama idea projektu ma wymiar ekumeniczny.

Już sam fakt działalności naszego wydawnictwa ma rys ekumeniczny. Wystarczy wspomnieć tutaj serię „Źródła monastyczne", z której korzysta tradycja wschodnia i zachodnia. Pamiętajmy, że w większości są to teksty sprzed schizmy (*Apoftegmaty Ojców Pustyni*, Palladiusz, *Żywot św. Antoniego*, Doroteusz z Gazy, *Listy* Barsanufiusza i Jana). To dzieła, którymi żył zarówno Wschód, jak i Zachód. Nasza działalność ma za cel przypomnienie pewnego modelu duchowości w oparciu o teksty klasyczne. Sądzę więc, że przekład całościowy *Filokalii* wpisuje się raczej w linię programową wydawnictwa.

Trzeba przyznać, że Ojcowie Pustyni, podobnie jak ich dzieła, są w cieniu Kościoła.

Jak każda mniejsza część, gdzieś ucieka świadomości ludzkiej. Ale ja bym popatrzył na tę kwestię z trochę innej perspektywy: spojrzałbym na samą *Filokalię*, jej istotę i niuanse z nią związane, co pozwoli nieco zrozumieć fakt jej powstania.

Filokalię można rozpatrywać z dwóch punktów widzenia. Z jednej strony można ją studiować i badać jako antologię tekstów, która powstała i została zredagowana w XVIII wieku. I wtedy zastanawiamy się, kim byli św. Nikodem Hagioryta i św. Makary z Koryntu. Skąd się wzięli w Wenecji i dlaczego tam wydali *Filokalię*? Co nimi kierowało przy wyborze tych tekstów, a nie innych? Dlaczego taki układ? Jaki mieli cel, żeby porywać się na tak olbrzymią pracę? Dzisiaj jest z przekładem wiele pracy, a co dopiero w tamtych czasach! Do kogo te teksty były skierowane? Jakie były dzieje późniejszych edycji?

Drugim aspektem spojrzenia na *Filokalię* jest samo studiowanie tekstów. Jak wiemy, są to pisma powstałe między IV a XV wiekiem, czyli tysiąc sto lat literatury greckiej. I tak możemy krok po kroku pytać o poszczególnych autorów, np. Diadocha z Fotike, Talazjusza z Libii, Nila z Ancyry (tak naprawdę Ewagriusza z Pontu). Możemy badać ich środowisko, dla kogo oni pisali, ich siatki pojęciowe itd.

Filokalia, jak można zauważyć, u samych swych podstaw ma układ szkatułkowy, taka historia w historii. Pojawiają się kolejne edycje i kolejne pytania nas współczesnych: dlaczego podejmują taki trud i dla kogo. I myślę, że trzeba w tych rozważaniach znaleźć taki środkowy punkt, ponieważ są to dylematy przy pisaniu wstępu dla redaktora przekładu. Natomiast ten punkt środka przy analizie *Filokalii* pozwoli nam to wszystko objąć jakby z lotu ptaka. Jest to niezwykle trudne zadanie, żeby znaleźć odpowiednie „drzwi", które zaprowadzą nas do właściwego „pokoju". Jakie postawić pytanie, aby przejść przez wszystkie zagadnienia, które nas interesują?

Trzeba pamiętać, że św. Nikodem Hagioryta pisał wstęp do pierwszego tomu w oparciu o fundament swego doświadczenia – przecież wspólnie ze św. Makarym nie byli autorami tylko i wyłącznie *Filokalii*. Zakres ich działalności był o wiele szerszy. Pamiętajmy również o ważnym uściśleniu: Nikodem i Makary wydali *Filokalię* jako pierwsi, ale napisali ją jako drudzy.

A więc kto był pierwszy?

Powstał tekst analogiczny, ale starszy o kilkanaście lat. Autorem tej antologii był św. Paisjusz Wieliczkowski. Dopiero gdy otrzymał egzemplarz wydania Nikodema i Makarego, zdecydował się na swoje własne wydanie. Stąd paradoks, że napisał ją jako pierwszy, a wydał jako drugi.

To były dokładnie takie same antologie?

Nie, ale możemy znaleźć podobieństwa.

Kolejną sprawą, która mnie interesuje, to fakt ograniczenia przez świętych Makarego i Nikodema wyboru tekstów do okresu między IV a XV wiekiem. Dlaczego nie skorzystali z dorobku współczesnych im autorów?

Wiązało się to z przekonaniem o klasyczności pewnych tekstów: należało się odwołać do mistrzów. Święci Makary i Nikodem stanowili taką część społeczeństwa, która żyła pod naciskiem tureckim, stąd aby wydać antologię dzieł klasyków, musieli uciekać aż do Wenecji. Poza tym pewien styl ortodoksyjny, prawosławny, również podlegał procesowi obumierania. Dlatego też można powiedzieć, że ich ideą stało się udostępnienie ludziom żyjącym w różnych wspólnotach „nowych soków życiowych"; chodziło o to, co dzisiaj nazywamy „powrotem do źródeł", czyli o sięgnięcie po mistrzów życia duchowego, aby odnaleźć na nowo swoją własną tożsamość. Makary i Nikodem wydając *Filokalię* chcieli powiedzieć: patrzcie, jak wielkie dziedzictwo macie u siebie, jaką duchowość! By wrócić do własnych korzeni, nie musicie korzystać ze współczesnego nowinkarstwa. To, co powstało przed wiekami, stanowi prawdziwą mądrość.

I trzecia sprawa, to kolejny paradoks, ponieważ w założeniu Makarego i Nikodema *Filokalia* miała być taką Anty-*Encyklopedią*. Czasy naszych wydawców to okres Oświecenia: wielkie triumfy święcą francuscy encyklopedyści. Powstała *Encyklopedia*, która miała zbierać całą wiedzę sformułowaną do tamtego czasu. Jak można się łatwo domyślić, sprawy wiary i duchowości sprawdzone zostały do pewnych racjonalistycznych modeli. Ten fakt zaniepokoił Makarego i Nikodema. Chcieli pokazać światu, że oprócz tej rzeczywistości, którą pokazuje *Encyklopedia* francuska, istnieje jeszcze inny świat, świat życia wewnętrznego, który jest o wiele ważniejszy niż to, co można zbadać *mędrca szkiełkiem i okiem*. I patrząc na to dzisiaj, z perspektywy historii widzimy, że wtedy to greckie wydanie *Filo-*

kalii nie odniosło zamierzonego celu. Prawdziwy wybuch jej popularności to dopiero lata 50. XX wieku. Z kolei antologia Paisjusza Wieliczkowskiego od samego początku cieszyła się wielkim uznaniem na Wschodzie, miała to szczęście, że trafiła na podatny grunt. Rozkwit Cerkwi Prawosławnej wiąże się organicznie właśnie z tym, co dała *Filokalia*. Było faktycznie swego rodzaju odrodzenie duchowe, wystarczy wspomnieć tutaj Starców z Pustelni Optyńskiej, Serafina z Sarowa, to, co opisuje Dostojewski, co mamy u Gogola, a nawet pisał o tym Lew Tołstoj. To był wielki powrót do źródeł, do tego, co dzisiaj nazywamy modlitwą serca i modlitwą Jezusową. Cała duchowość filokaliczna objęła swoją rewolucją nie tylko duchownych, ale jak to jest zaznaczone we wstępie do *Filokalii*, również świeckich. Nie jest to jakaś tajemna nauka zarezerwowana dla wybranych. Ta piękna duchowość, jeszcze raz to powtórzę, jest dla wszystkich.

Była „Encyklopedia francuska", jakie jeszcze przyczyny możemy odnaleźć w decyzji wydania „Filokalii"?

Może warto też popatrzeć od strony dzisiejszego, współczesnego człowieka. Jak dla Nikodema i Makarego wrogiem była *Encyklopedia*, a jednocześnie powodem stworzenia tej antologii, tak dzisiaj dla nas – zabrzmi to trochę przewrotnie – *Filokalia* może się stać przeciwieństwem Internetu.

Dlaczego?

Mówiąc dokładniej, chodzi mi o pewną mentalność, która wypływa z Internetu. Już wyjaśniam: jak kiedyś pewnym ideałem była idea oświecenia (szukanie odpowiedzi w *Encyklopedii*)...

...taka dzisiejsza Wikipedia?

Właśnie – tak teraz wszystkiego szukamy w Internecie, podobnie jak w przypadku *Encyklopedii*, w czasach Makarego i Nikodema. Nie krytykuję wszystkich aspektów korzystania z Internetu, ponieważ sam go używam. Jednak chodzi mi o sprowadzenie całego życia do relacji w sieci – to mi się nie podoba. Internet stał się swego rodzaju, przynajmniej dla niektórych, stylem życia, czyli redukcją naszych zachowań, rozmów i relacji do kontaktu z innymi poprzez komunikator na Facebooku. Chodzi mi o odarcie z wartości pewnych zasadniczych postaw człowieka (np. rozmowa z drugą osobą zastąpiona „rozmową" on-line). Wszystko to prowadzi do pewnej powierzchowności życia, ponieważ – takie jest moje zdanie – nic nie zastąpi spotkania z żywym człowiekiem, tak jak i z żywym Bogiem.

Bardzo bym chciał, aby polska *Filokalia* stała się wezwaniem dla człowieka, aby prowadził życie bardziej głębokie, aby miał odwagę skonfrontować się z samym sobą, z drugim człowiekiem i ostatecznie z Bogiem.

Czyli „Filokalia", pozostając dalej na poziomie porównań internetowych, jest taką wersją drukowaną wyszukiwarki Google.

Jest w tym jakaś analogia. Jak w wyszukiwarce pływasz po oceanie możliwości, podobnie i *Filokalia* staje się dla czytelnika pomocą w wyjściu z problemów, a przynajmniej we wskazaniu środków zaradczych, jak uporządkować swoje życie. Autorzy *Filokalii* pisali to wszystko na podstawie własnego doświadczenia swoich upadków, swoich sukcesów, smutków i radości. Pokazali pewną nić, za którą można iść. Nie bali się o tym pisać, może nie były to długie traktaty teologiczne, ale jedno jest pewne: są to teksty przemyślane i przepracowane na bazie własnego doświadczenia. Dlatego *Filokalia* wymaga od nas nieustannej lektury, takiego „przeżuwania", ciągłego interioryzowania tekstu, czyli dokładnie odwrotnej postawy w stosunku do tej, jaka jest nam dzisiaj proponowana przez Internet, gdzie wszystko pływa po powierzchni; karmimy się szybkimi, pustymi informacjami, bez jakiejkolwiek refleksji, pędzimy, ale dokąd? A pośród tego wszystkiego jest *Filokalia*, która wymaga pewnego studium, ciągłego powracania do niej na nowo. To jest tak, jak z moim ulubionym autorem, Diadochem z Fotike, którego cały czas czytam, porównuję z innymi wydaniami, modlę się tymi tekstami i staram się wprowadzać te zalecenia ascetyczne do własnego życia. Mimo tego, że jest to propozycja, która idzie wbrew powszechnym przekonaniom, uważam, że jest to droga do wyrobienia w sobie solidnej duchowości. Dodałbym jeszcze jedną rzecz: *Filokalia* przypomina nam nie tylko o tym, kim jest Bóg, ale także o tym, kim jest człowiek i jaki jest cel jego życia na tej ziemi. Wierzymy, że jesteśmy stworzeniem dobrego Boga, że jesteśmy na Jego obraz i podobieństwo i naszym celem jest zjednoczenie z Nim, coraz dalej idące upodobnienie się do Niego. To jest chrześcijańska wizja człowieka, do której nieustannie trzeba wracać.

Jednak „Filokalia" wymaga pogłębionego zrozumienia, jest tutaj mnóstwo trudnych pojęć, które dzisiaj inaczej rozumiemy.

To prawda. Siatka pojęciowa w *Filokalii* jest mocno rozbudowana i to, co rozumiano w języku greckim, raczej odbiega od rozumienia tego, co oferuje nam język polski XXI wieku. Na tym polega trud tłumacza, którego jednym z zadań jest odpowiednie dobieranie słów, tak by oddać znaczenie tego określenia, jakiego użył autor danego dzieła. Na szczęście w pracy nad tłumaczeniem *Filokalii* nie jesteśmy sami: pewne opracowania i materiały są dostępne i wspierają nas w zamiarze właściwego przełożenia słów z języka greckiego na język polski.

Wspomnijmy tutaj choćby greckie pojęcie „umysł".

To klasyczne pojęcie, które w grece oddane jest przez słowo *noûs*. To nie jest tak do końca tożsame z naszym rozumieniem umysłu. W języku greckim określenie to nie dotyczy mózgu: jest to o wiele bardziej głębokie pojęcie, dotykające zarówno tej strony ludzkiej, jak i boskiej, oznaczające jądro osobowości, czyli to, kim dany człowiek tak naprawdę jest i czym się w życiu kieruje. Dlatego też tego typu trudne słowa i określenia wymagają komentarza. W tekście naszego tłumaczenia oznaczone są gwiazdką i odsyłają do słownika na końcu przekładu. Ze względu na skrótowość podanych informacji w słowniku, do pomocy mamy również bibliografię, która ma wskazać niezbędną literaturę.

A jak wygląda sprawa z przygotowaniem teologicznym tłumacza?

Tłumacz ma być filologiem, i to jest jego główne zadanie. Natomiast już redaktor zajmuje się uściślaniem pojęć, przygotowaniem wstępu, słownika i bibliografii. I tutaj, akurat w przypadku *Filokalii*, wykształcenie teologiczne, specjalistyczne, jest wymagane. Jednak trzeba też zaznaczyć, że cały proces jest związany ze współpracą tłumacza i redaktora, np. przy uzgadnianiu pojęć.

Pojawia się również język filozofii.

Pamiętajmy, że dla wielu autorów te dwa pojęcia, teologia i filozofia, nie wykluczają się nawzajem. Wynika to z historii, faktem jest bowiem, że to teologia w pewnym sensie wypłynęła z filozofii i przez długi czas posługiwano się nimi wymiennie.

Interesuje mnie jak, od strony praktycznej, wygląda proces tłumaczenia i redakcji. Krok po kroku...

Na samym początku czyta się tekst w oryginale, kolejnym punktem jest zrozumienie go, a następnie próbuje się dany tekst opowiedzieć po polsku. I dopiero gdy zrozumiesz i przełożysz sobie to w głowie po polsku, możesz rozpocząć proces tłumaczenia.

I co dalej?

W samym już procesie tłumaczenia niezwykle ważne jest, aby dobrze uchwycić styl samego autora, jakimi pojęciami się posługiwał i potem starać się wiernie oddać to po polsku. Przykład: nasz tłumacz Cezary Dobak, pracując nad tekstem Pseudo-Antoniego Wielkiego, zetknął się z niezbyt wyszukanym stylem greckim, dlatego też w polskim przekładzie celowo zostały użyte, w pewnych fragmentach, słowa i określenia w stylu takim, jaki został zastosowany w oryginale (możemy się spotkać z takimi słowami, jak „głupek", „ignorant" itp.). Użycie niezgrabnych słów w przekładzie nie jest efektem tego, że tłumacz sobie nie radził, ale wynika z niezgrabności języka w tekście oryginalnym.

A teraz może parę słów o samym procesie redakcyjnym.

Czytam całość, analizując słowo po słowie. Na jednym ekranie mam tekst grecki, na drugim tekst przekładu, porównuję i jednocześnie zaznaczam słowa, pojęcia, które będą wymagały komentarza, czy też umieszczenia w słowniku. Przykładowo: w tekście przekładu mamy słowo „medytować", a w języku greckim jest to oddane za pomocą *meléte*.

W dosłownym tłumaczeniu „meléte" znaczy...

Jest to bardzo skomplikowane określenie, które zarówno może oznaczać ćwiczenie, wysiłek, jak również recytację. I składając to wszystko razem, możemy je oddać jako: recytować tekst na głos. Podobnie jak łaciński odpowiednik *meditari*. Nie chodzi o to, że usiądę i będę się zastanawiał, o co w tym tekście chodzi, tylko wypowiadam tekst na głos jeszcze raz. Gdy w starożytności retorzy pracowali, uczyli się tekstu na pamięć i potem stali przed lustrem i je recytowali. Podobnie i mnisi, ćwiczyli i uczyli się na pamięć całych fragmentów z Pisma Świętego, a potem je recytowali, nie w znaczeniu bezmyślnego powtarzania słów, ale by jeszcze lepiej zrozumieć dany fragment. Im więcej razy powtórzę dane słowo lub tekst, na więcej szczegółów zwrócę uwagę. Podobnie jest w *Rozmo-*

wie XIV u św. Jana Kasjana, gdzie jest mowa o wiedzy duchowej, do której nie dochodzi się poprzez mądrość świecką, tylko poprzez cnotliwe życie i medytację; człowiek zastępuje złe myśli dobrymi słowami z Pisma Świętego poprzez nieustanną recytację Bożego Słowa.

I to wszystko trzeba zmieścić w krótkim komentarzu, tak żeby czytelnik wiedział, o co chodzi, i by go przestrzec przed złą interpretacją danego zwrotu.

A jak to wyglądało w przypadku tekstu Pseudo-Antoniego Wielkiego? Były jakieś problemy?

Wychodzi na to, że *Filokalię*, według naszych domysłów, otwiera tekst niechrześcijański, którego autorem jest jakiś filozof, określony w rękopisie jako św. Antoni Wielki. Ponieważ z pewnością Ojciec Mnichów i autor wydanego dziełka to dwie różne osoby, dlatego dodano „pseudo".

Jak rozumieć takie „oszustwo"?

W takim przypadku musimy się wczuć w myślenie autorów starożytnych. Jeżeli dzisiaj ktoś kradnie tekst sztuki Mrożka, podpisuje ją swoim imieniem i zbiera pochwały. W starożytności było odwrotnie, anonimowy autor pisał tekst i podpisywał go, dajmy na to, „Platon".

Dlaczego?

Żeby ludzie to przeczytali. Autorom chodziło o jedno: aby tekst zyskał renomę i odbił się szerokim echem. W przypadku Antoniego Wielkiego wystarczy wziąć do ręki 35. tom Źródeł monastycznych, gdzie mamy szereg tekstów mu przypisywanych, a które powstawały mniej więcej aż do X wieku. Jesteśmy niemal pewni, że siedem listów napisał rzeczywiście św. Antoni Wielki, reszta wyszła jednak spod pióra innych autorów. Ale tak to już było: ludzie upubliczniali pod imieniem znanego autora doktrynę duchową, według myśli człowieka, pod którego się podszywali. I potem, aby nadać powagę takiemu dziełu, nie podpisywali go swoim prawdziwym imieniem, tylko sygnowali tekst jako Antoniego Wielkiego, dzięki czemu mieli gwarancję, że wszyscy to przeczytają. Przecież nikt nie będzie dyskutował z Antonim.

Podobna sytuacja jest ze św. Makarym Wielkim. Spuścizna duchowa, zebrana na kilkuset stronicach, w dużej mierze nie pochodzi bezpośrednio od niego; domyślamy się, że jedynie króciutki list *Ad filios suos*może być jego autorstwa, ale i to nie jest pewne. Jednak autorytet autora był tak wielki, że w ciągu lat przypisywano mu kolejne teksty...

W jaki sposób tłumacz i redaktor poznają takie nieścisłości?

Pierwsza sprawa, która tutaj jest istotna, to sama doktryna. Czy możemy założyć podczas lektury danego tekstu, że prezentowana doktryna jest tożsama z autorem, który widnieje w podpisie dzieła? Czy niewykształcony Egipcjanin był w stanie napisać tekst iskrzący się aluzjami do pism Platona? Mało prawdopodobne. Czy Antoni Wielki nieustannie mówiący o Bogu i nawróceniu w Żywocie, może w innym tekście, na ponad sto rozdziałów, wspomnieć Trójcę Świętą tylko raz i to tylko na siłę? Wątpliwości rodzą wydarzenia historyczne, które, opisane w tekście, wydarzyły się po śmierci podanego autora. Dotyczy to również kształtu teologii. Przykładowo tekst św. Justyna (który został zamęczony w ok. 165 r.), w którym są aluzje do sporów trynitarnych, wskazuje raczej na autorstwo kogoś, kogo nazwiemy Pseudo-Justynem.

Wychodzi na to, że plagiat był rzeczą normalną?

Nie myślmy źle o ludziach tamtych czasów. Oni nie znali pojęcia plagiatu. W Filokalii Pseudo-Antoni to nie odosobniony przypadek, podobnie jest w przypadku tekstów pism Nila z Ancyry, za którymi tak naprawdę kryje się Ewagriusz z Pontu. Dlaczego tak się stało? Ponieważ w pewnym momencie Ewagriusz został oskarżony o herezję, dlatego, aby zachować dobre teksty, kopista podpisał je jako Nil z Ancyry.

Kolejnym rozróżnieniem, które trzeba tutaj wyjaśnić, jest to dotyczące słów „podpisał" i „napisał"...

Trzeba pamiętać o tym, że cały czas jesteśmy w czasach rękopisów. A więc biorę sobie kawałek papirusu i zapisuję na nim swoje przemyślenia o życiu, podpisuję je swoim imieniem i rozdaję swoim kolegom, koleżankom. Znajomi to czytają i wymieniają się tym tekstem, i na jakimś etapie to dziełko trafia w ręce osoby, której ja nie znam, a sama treść bardzo jej się spodobała; skopiowała ją i pomyślała, że tekst przyda się mnichom. A więc co robi, żeby mnisi to przeczytali? Podpisuje go imieniem znanego i sławnego mnicha, ogłaszając, że oto odnalazł zaginione dzieło Antoniego Wielkiego.

I takie historie zdarzały się bardzo często, co jest wyjaśnieniem różnicy pomiędzy „napisał" a „podpisał". Starożytność wypracowała również metodę tzw. skrótów i wyciągów. Mam jakieś dzieło, ale nie posiadam papieru czy też czasu, a więc przepisuję tylko najważniejsze rzeczy – te, które mnie najbardziej interesują. Chodzi o to, by zobaczyć w całym procesie historycznym, jak tekst żyje.

Czy można określić, kiedy nasz pierwszy tekst z „Filokalii" – dzieło Pseudo-Antoniego Wielkiego – został przypisany temu świętemu?

Na chwilę obecną na to pytanie nie jestem w stanie odpowiedzieć. Być może ten, który to napisał, nie podpisał tego dzieła w imieniu Antoniego, ale uczynił to dopiero późniejszy kopista, aby nadać chrześcijański charakter całemu dziełu. Być może wrzucił jedno zdanie na temat Trójcy Świętej i podpisał to jako tekst Antoniego Wielkiego.

Oprócz wspomnianego fragmentu o Trójcy Świętej, wielokrotnie można spotkać słowo „Bóg". A więc jak je rozumieć?

Bóg u Pseudo-Antoniego jest rozumiany w duchu filozofii stoickiej i neoplatońskiej jako najwyższy byt, źródło świata, ale raczej nie jako osoba, z którą można wejść w relację. Sam fakt nawiązań do różnych filozofii potwierdza tylko, że nasz anonimowy autor był bardzo oczytany i z pewnością należał do kręgu stoików i neoplatoników. Jednocześnie to tylko zbliża nas do potwierdzenia tego, że tekst otwierający *Filokalię* jest niechrześcijański, choć czytając go uważnie, dostrzeżemy wiele analogii z Ewangelią, co zresztą zostało zaznaczone w najważniejszych miejscach w przypisach.

Skoro tak, to dlaczego Makary z Koryntu i Nikodem Hagioryta umieścili taki tekst, na dodatek na samym początku „Filokalii"?

Z bardzo prostego powodu. Antoni Wielki jest ojcem monastycyzmu, wielkim autorytetem pośród mnichów, dlatego też Makary i Nikodem podjęli taką decyzję. A ponieważ chcieli publikować i udostępniać te teksty, które były trudno dostępne, Pseudo-Antoni Wielki, jako ten jedyny w swoim rodzaju, trafił na pierwsze strony antologii. Nie gorszyłbym się tym, a raczej podziwiał otwartość obydwu świętych. Warto się od nich uczyć. To w końcu św. Paweł Apostoł radzi: Wszystko badajcie, a co szlachetne – zachowujcie (1 Tes 5,21).

W jednym z przypisów do tekstu Pseudo-Antoniego Wielkiego pojawia się ciekawa kwestia: okrutny Bóg Starego Testamentu a jego beznamiętność.

Musimy pamiętać o tym, że jest to pewien mit, jakoby Bóg w Starym Testamencie był ukazany jako okrutny – taki, który nie potrafi opanować swojego gniewu. Paradoksalnie więcej jest tekstów starotestamentalnych, które pokazują Boga jako tego łagodnego i czułego. Patrząc na najstarszą tradycję komentarzy do kwestii Boga jako okrutnika, już Orygenes zastanawiał się np. nad tym, dlaczego Bóg utopił faraona w Morzu Czerwonym. Doszedł do zaskakujących wniosków.

Dlaczego go utopił?

Bo go kochał.

Nie rozumiem…

U podstaw rozumienia Pisma Świętego u Orygenesa jest pogląd, że Bóg nic nie czyni na zgubę, tylko na ratunek. To jest zupełnie inny poziom pojmowania, wykraczający poza strefę doczesną. Tłumacząc ten fragment o utopieniu faraona, Orygenes mówi, że Bóg uczynił to z miłości, ponieważ powstrzymał jego szał grzechu, którym pałał wobec Izraelitów. Wspomnieć należy również, że Orygenes sądził, iż wszystko, co się wydarza, dzieje się po to, aby człowiek mógł odpokutować za swoje winy.

Wiele razy u Pseudo-Antoniego jest użyte określenie „pobożność". W jakim znaczeniu?

Oznacza pewien etos życia, czyli zachowanie prawidłowego i prawego myślenia o przyczynach istnienia świata, o Bogu – jaki jest, o tym, czego chce; o poprawie naszego życia, o czci oddawanej Bogu. Wszystko zaczyna się od „prawidłowego myślenia o...". Starożytnych zresztą bardzo frapował temat prawdziwej pobożności. Wystarczy sobie poczytać Eutyfrona Platona.

Dlatego trzeba czytać, szukać i badać.

Dlatego u filozofów cały czas wraca idea paidei, pewnego stylu wychowania. Pobożność u Pseudo-Antoniego to nie tylko akty kultu, ale także harmonijne życie w zgodzie z tym światem, w którym funkcjonuję. W skrócie: oddaję każdemu to, co się mu należy, czczę ojca i matkę, zachowuję obyczaje przodków, czczę bogów. Nie wyskakuję przed szereg, jestem porządnym człowiekiem. I tak kształtuje się pewien ideał obywatela.

Pobożna dusza to ta, która jest towarzyska...

I w tym przypadku trzeba sięgnąć do kultury starożytnej. Mizantrop, odludek był kimś postrzeganym negatywnie. Człowiek dobrze wychowany, znający kulturę, spędza czas z ludźmi ze swej warstwy społecznej. Świadczy to o pewnym formacie ducha.

Mamy pewien rys „pobożności" w ujęciu filozoficznym. A w chrześcijaństwie?

Pobożność w *Filokalii* u autorów chrześcijańskich nie występuje tak często, co można wytłumaczyć konotacjami z filozofią pogańską. Wydaje mi się, że ojcowie filokaliczni zastąpili tutaj słowo „pobożność" określeniem „bojaźń Boża", która jest formą miłości wobec Boga, pełną czci, liczącą się z Nim w każdej sytuacji. Zawsze uważa Go za obecnego. Pojawia się pewna więź, emocje i relacja, której brak w ujęciu filozoficznym, wspominanym wyżej.

Znalazłem ciekawy cytat u Pseudo-Antoniego: „Unikaj mówienia wielu ludziom słów o pobożności i dobrym życiu. Nie mówię tego z zawiści, lecz dlatego, że uważam, iż wydasz się głupcom śmieszny". Ezoteryzm?

Nie, to cytat, który bardziej nawiązuje do fragmentu: *Nie rzucaj pereł przed wieprze…* Każda wiedza, każde poznanie, każda sztuka zawiera pewne etapy. To jest tak, jak z dzieckiem, które jest zafascynowane matematyką: nikt o zdrowych zmysłach nie będzie mu od razu tłumaczył całek. Na wszystko przyjdzie czas, po przejściu pewnych etapów.

Ewagriusz mówi, że przed początkującym mnichem nie należy odkrywać wszystkich tajemnic Trójcy Świętej, ponieważ nie jest on na to przygotowany, prędzej mu to zaszkodzi, niż przyniesie poznanie. Dlatego nie można w tym przypadku mówić o ezoteryzmie, ponieważ samo słowo zakłada pewien ekskluzywizm. Z kolei u Ewagriusza jest to raczej przemyślana pedagogia.

Kolejna rzecz to rozdział 166. u Pseudo-Antoniego, w którym czytamy: „te, które mają umysł, duszę i ducha, jak ludzie". A gdzie ciało?

W tym fragmencie Pseudo-Antoni Wielki zajmuje się inną rzeczywistością, nie analizuje bytu jako całości, tylko tę warstwę psychiczną. Trzeba też wziąć pod uwagę, że Pseudo-Antoni Wielki w publikowanym tekście ma negatywny stosunek do ciała. Uważał ciało za wroga duszy.

W jednym z komentarzy możemy znaleźć tajemnicze określenie: „zmysły duszy".

W czasach przed Pseudo-Antonim Wielkim istniała pewna teoria, w której analogicznie jak ciało posiadało swoje zmysły, podobnie i dusza miała swoje przynależące do jej sfery. W ostatecznym rozrachunku te zmysły duszy pozwalają nam odróżnić dobro od zła.

Innym ciekawym tematem jest pogląd o tym, że Bóg przemawia do nas przez sny.

Tradycyjnie cofniemy się do starożytności i do tego, jak to wyglądało w tamtych czasach. Nie ulega wątpliwości, że starożytnych niezwykle interesowało poznanie przyszłości; wszelkiego rodzaju wróżby, przepowiednie były traktowane z niezwykłą powagą. Jedną z metod było wróżenie na podstawie snów.

Coś w rodzaju sennika?

Tylko że dzisiaj tego typu książki traktujemy z przymrużeniem oka. W starożytności podchodzono do tego typu przepowiedni bardzo poważnie. Jest taka historia z czasów Jana Chryzostoma, kiedy wybuchł skandal, ponieważ zapytano pewnego maga o datę śmierci cesarza, a to zostało potraktowane jako zdrada stanu.

Ewagriusz również wspomina o snach w odniesieniu do koncepcji ośmiu duchów zła.

U Ewagriusza pojawiają się pewne elementy psychologii: jeżeli myślisz o kimś, o czymś, intensywnie, to przyjdzie do ciebie w śnie. U Wergiliusza czytamy, że ci, którzy kochają, sami sobie kształtują sny.

Wspomina Ojciec o modelu duchowości. Dlaczego akurat duchowość filokaliczna jest taka ważna?

Ponieważ skupia się na sercu, czyli na tym, jaki człowiek tak naprawdę jest. I to jest duchowość, w głównej mierze, oparta o Wcielenie. Przykładowo mistrzowie duchowi: Ewagriusz z Pontu czy też Jan Kasjan przypominają, że prawdziwa przygoda z Bogiem, tak na sto procent, rozpoczyna się już w momencie nawrócenia. Święty Augustyn opowiada w swych Wyznaniach historię o szpiegach cesarskich, którzy znaleźli *Żywot* św. Antoniego Wielkiego. W trakcie lektury jeden z nich doszedł do ciekawych refleksji: jak my żyjemy? Nasze życie opiera się na łasce i niełasce cesarza… Nic nie jest pewne. A przyjacielem Boga mogę się stać w tej oto chwili. Dla czytelnika uderzający jest fakt, że bez względu na etap życia, w tej właśnie chwili mogę wrócić do Boga, bez względu na to, jak bardzo jestem obciążony. Określę to jako swego rodzaju „bombę filokaliczną".

Dziękuję za rozmowę.

EWA LANDOWSKA

Kaligrafią zajmuje się od roku 1999. Od 2006 prowadzi warsztaty, kursy oraz pokazy kaligrafii na terenie całego kraju. Tworzy i projektuje własne kroje pisma w oparciu o klasyczne alfabety. Pracuje zarówno z literą tradycyjną, jak i nowoczesną.

BARBARA BODZIONY

Miniaturzysta i kaligraf. Absolwentka historii sztuki Uniwersytetu Jagiellońskiego oraz francuskiego Wyższego Instytutu Europejskiego Iluminacji i Manuskryptów w Angers. Jej zafascynowanie średniowieczem zaczęło się jeszcze w czasie studiów historii sztuki.

Kaligrafia nie powinna być traktowana jak nagroda za piękną osobowość, lecz jako narzędzie, które może pomóc nam tę osobowość rozwijać i upiększać
(Ewa Landowska)

PIĘKNO TKWI W SZCZEGÓŁACH...

O SZTUCE KALIGRAFII

Autorki, Ewa Landowska i Barbara Bodziony przeprowadziły setki warsztatów i kursów z kaligrafii. Wachlarz ich zainteresowań nie ogranicza się tylko do „pięknego pisania". Ewa Landowska zajmuje się również muzyką, a Barbara Bodziony szkoli ludzi w dziedzinie iluminatorstwa. Wspólnym mianownikiem tego, o czym mowa, jest umiłowanie sztuki, bo tak pokrótce można nazwać dzieło, którym się zajmują. Czy doświadczenie wielu lat wiernego trwania przy piórze można zebrać i zawrzeć na zaledwie 200 stronach? Okazuje się, że tak i nie ma tutaj mowy o jakiejś redukcji prześlizgnięcia się po temacie, o zdawkowym potraktowaniu tak zacnej sztuki, jaką jest kaligrafia. Dzięki naprawdę mozolnej pracy samych Autorek, jak również dzięki projektowi i samej koncepcji publikacji, mamy do dyspozycji rzetelny podręcznik do kaligrafii, na początek dwóch stylów – uncjały i italiki. Może nie brałem czynnego udziału w tworzeniu książki „Piękna Litera", ale obserwowałem zza swojego biurka spotkania, rozmowy, czyli cały proces dopieszczania projektu. Być może moje pytania okażą się dziwne, jednak wrodzona ciekawość nie pozwala mi pominąć tak oryginalnego tematu.

Jacek Zelek: Jestem zupełnym laikiem w temacie kaligrafii. Jak rozpocząć przygodę z tą dziedziną sztuki? Czy jest jakiś niezbędnik, w który należy się zaopatrzyć?

Ewa Landowska: W dzisiejszych czasach umiejętność kaligrafowania zdaje się być na wyciągnięcie ręki. Pomocnym może być Internet, ale przede wszystkim kursy i warsztaty, gdzie kontakt z osobą znającą temat jest bezpośredni.

Barbara Bodziony: Na początek wystarczy prosta obsadka stalówka, atrament i papier. Z takimi narzędziami można zacząć ćwiczyć. Żeby to było możliwe będzie potrzebny jakiś podręcznik do kaligrafii lub nauczyciel, który pokaże jak stawiać pierwsze litery.

Ktoś powie: „Nie mam zdolności plastycznych". Czy same chęci wystarczą, żeby rozpocząć?

Ewa Landowska: Najczęściej tak. Pamiętajmy, że pięknego pisania kiedyś uczyli się wszyscy i prawie wszyscy tę umiejętność nabywali. To, naturalnie, praca na lata. Nie na tygodnie, czy miesiące. Potrzebne są upór, pracowitość, a przede wszystkim pasja. Brak tzw. zdolności plastycznych może nie pozwoli na osiągnięcie poziomu mistrzowskiego w dziedzinie kaligrafii, ale pięknie pisać może naprawdę każdy.

Barbara Bodziony: Zaangażowanie i chęć to składniki niezbędne, jeśli chcemy się uczyć kaligrafii. Jeśli chodzi o zdolności plastyczne to po pierwsze ludzie często nie doceniają swoich zdolności. Z drugiej strony patrząc, kaligrafia to nauka pisania, ładnego pisania – umiejętność stawiania liter posiada każdy. Oczywiście, żeby te litery były piękne trzeba czegoś więcej niż samych chęci – cierpliwości i wytrwałości w ćwiczeniu.

Kaligrafia kojarzy się ze średniowieczem. Skryptorium, najczęściej w klasztorze benedyktyńskim, odpowiedni klimat ciszy i niezwykła, wręcz heroiczna wytrwałość. Jak to jest dzisiaj? Mamy innych ludzi, ukierunkowanych na szybki efekt z coraz mniejszą ilością czasu...

Ewa Landowska: ... I dlatego kaligrafia tak zachwyca. Nie tylko pięknem formy, ale też okolicznościami, w jakich zazwyczaj się pracuje. Rzeczywiście nie nawykliśmy dzisiaj do zbyt długiego oczekiwania na efekty pracy. Bardzo często osoby pojawiające się na kursie chcą szybkich rezultatów, liczą na „ekspresowy kurs weekendowy", po którym będzie można wykaligrafować zaproszenia na którąś z rodzinnych uroczystości, a to jest po prostu niemożliwe. Jeśli na kursie pojawia się ktoś, kto nigdy wcześniej nie miał żadnego kontaktu z literą kaligrafowaną, musi poczekać na efekty całe długie miesiące dość intensywnej pracy.

Barbara Bodziony: Dlaczego heroiczna? Pisanie było pracą, jedną z wielu manualnych prac, które wykonywano nie tylko w klasztorach. Trzeba też pamiętać, że mnisi nie pisali całymi dniami – mieli też inne obowiązki do nich należała obecność na modlitwach, posiłki itd., tak więc na pisanie zostawało kilka godzin w ciągu dnia. Jeśli chodzi o dzisiejszy świat, to rzeczywiście ludzie mają mniej cierpliwości w czekaniu na efekty swojej pracy. I właśnie ważniejszy jest często sam efekt, niż przyjemność jaką daje czynność pisania. Większość jednak osób, **z którymi spotykam się na warsztatach idzie na przekór temu myśleniu. Chce się zatrzymać, daje sobie czas, pozwala rytmowi pisanych liter uspokoić siebie, swoje wnętrze.**

Ostatnio miałem okazję rozmawiać z Markiem Grelą, który wykonuje karykatury. Specyficzna dziedzina sztuki, która polega na wyważonej deformacji. A jak to jest w przypadku kaligrafii – polega ona na...

Ewa Landowska: O, z tym jest bardzo różnie... Dla kogoś będzie to twórcza forma ekspresji, dla kogoś wierne kopiowanie dawnych mistrzów. Ale jeśli mówimy o klasycznej kaligrafii w ujęciu abstrakcyjnym, to można powiedzieć, że jest to poszukiwanie odpowiednich proporcji pomiędzy dwiema liniami.

Barbara Bodziony: Kaligrafia dla mnie to raczej harmonia, oparta na rytmie zgranych ze sobą liter, wyrazów, zdań, tak by tworzyły wyważoną kompozycję.

Czy można mówić o owocach uprawiania kaligrafii? Co takiego zmienia się w człowieku. Może to będzie zbyt górnolotne, ale czy można mówić tutaj o aspekcie duchowym (nie w znaczeniu religijnym)? Teatr grecki prowadził do „katharsis", czy kaligrafia też oczyszcza?

Ewa Landowska: Nie mam co do tego żadnych wątpliwości. Ale myślę, że nie chodzi tu o to, że to piękne litery oczyszczają, a raczej proces ich kreślenia, który należy do czynności medytacyjnych, a do takich można zaliczyć wiele innych, które wpływają na stan naszego ducha w bardzo podobny sposób. Kaligrafia od nich różni się tylko owocem w postaci pięknie napisanych liter.

Chciałabym uniknąć już wiele razy powtarzanych frazesów, że kaligrafia wycisza, uspokaja i redukuje myśli w naszej głowie do niezbędnego minimum. Ale tak faktycznie jest.

Barbara Bodziony: Wiele kaligrafujących na moich zajęciach osób mówi o spokoju, jaki dają jej zajęcia kaligrafii. Rzeczywiście pisanie jest tak absorbujące, że nie jesteśmy w stanie o niczym innym myśleć niż np. o daszku pisanej litery, żeby nie zrobić go zbyt krótkim lub zbyt długim. Wydaje mi się, że pewna powtarzalność i rytm pisania wpływa na nas pozytywnie, oddalając niepokój i natłok myśli z którymi przychodzimy. A jakie inne owoce? Stefan Tatuch w swoim podręczniku do nauki pisma z 1927 roku pisał też że : „nauka pisania ...Ma ćwiczyć nie tylko rękę i oko, ale także umysł, pobudzać uwagę ... budzić zamiłowanie do piękna, taktu, czystości i porządku, a w końcu ma wpływać na wyobraźnię i zmysł estetyczny..." Zgadzam się z nim całkowicie.

W wywiadzie Anny Kluz-Łoś pada określenie „piękne pisanie". Wydaje mi się trochę nieprecyzyjne. Różnie może być rozumiane. Co jest istotą pięknego pisania?

Ewa Landowska: „Pisanie" to rzeczownik odczasownikowy i myślę, że może być wymiennie używany z określeniem „pismo". Jest może nawet bogatszy, ponieważ nawiązuje do czynności, a sama czynność akurat w przypadku pisania może być pięknym spektaklem ruchowym.

Barbara Bodziony: Żeby bardzo precyzyjnie odpowiedzieć na to pytanie pewnie musielibyśmy zgodzić się na wspólną definicję piękna. Nie będzie to łatwe. Niemniej w odniesieniu do kaligrafii – piękne pisanie, a co za tym idzie piękne pismo dla mnie będzie pismem harmonijnym, starannym, w którym litery będą miały określoną wielkość znaków, jednakowe pochylenie i wyczuwalny rytm. Może to dotyczyć pisma codziennego kursywnego jak i ozdobnego kaligraficznego.

Możecie szacunkowo przedstawić, ile przeprowadziłyście dotąd warsztatów i kursów kaligrafii i mniej więcej, ile osób korzystało z tego typu spotkań?

Ewa Landowska: Bardzo trudne pytanie, ale też bardzo ciekawe. Prowadzę warsztaty od 11 lat, ostatnie 6 lat bardzo intensywnie. Myślę, że w sumie przeprowadziłam ich kilkaset w kilkunastu miastach Polski. Osób uczestniczących w takich warsztatach na przestrzeni tych lat było co najmniej kilka setek, ale akurat ilość osób uczestniczących w warsztatach nigdy nie była dla mnie zbyt istotna, ponieważ im więcej osób uczestniczy w zajęciach tym mniej wydajny jest warsztat. Dlatego zawsze ograniczam liczbę uczestników względem czasu, jaki mamy przeznaczony na dany warsztat. Zazwyczaj do dziesięciu.

Barbara Bodziony: Kiedy zaczynam liczyć te minione prawie już 10 lat i dochodzę do tysiąca, zaczynam się gubić... W samym Tyńcu każdego roku przeprowadzam ok. 6–8 warsztatów a na każdym może być od 6 do 15 osób. Do tego dochodzą warsztaty stałe roczne i wiele krótszych prowadzonych w wielu różnych miejscach. Kiedy porównuję moje początki warsztatowe i kilka ostatnich lat widzę, ze coraz więcej osób jest zainteresowanych kaligrafią.

Kaligrafia to nie tylko warsztaty, ale też wiele projektów poza... Wspomnieć tutaj można chociażby inicjatywę wykaligrafowania Konstytucji RP dla prezydenta Andrzeja Dudy. Ewo, opowiedz, jak to się zaczęło i zdradź nam, ile potrzeba czasu na „przepisanie" tak dużego dzieła.

Ewa Landowska: Pewnego dnia odebrałam telefon z tą propozycją. Potem chwilę trwały rozmowy na temat tej pracy. Trzeba było ustalić wszystko w najdrobniejszym szczególe: od wyboru papieru, atramentu po styl pisma, jakim ta praca miałaby być wykonana. To była najtrudniejsza decyzja. W takiej pracy bowiem chciałoby się pokazać maksimum swoich możliwości, tymczasem Konstytucja Rzeczypospolitej Polskiej to aktualnie obowiązujący najważniejszy dokument prawny, w którym przerost formy nad treścią nie byłby wskazany. Ponadto nieodpowiednim wydała mi się również zbytnia stylizacja na któryś z historycznych stylów pisma. Nie jest to przecież kopia historycznego dokumentu. Postanowiłam zatem, że styl pisma będzie tylko nawiązywał do italiki, której zresztą można nauczyć się z drugiej części „Pieknej Litery", a bardziej bezpośredniego historycznego nawiązania można dopatrzyć się tylko w dużych literach, których formę zaczerpnęłam z Konstytucji 3 Maja.

Na pracę miałam ograniczoną ilość czasu – niespełna trzy miesiące. To niewiele, ale pracowałam dużo i ciężko, i udało się ukończyć ją w terminie.

Teraz pytanie do Barbary. A iluminatorstwo... Dla mnie, laika, który trochę siedzi w klimacie klasztornym, to ściśle łączące się dziedziny, mimo zastosowania innych narzędzi, jednak jedno uzupełnia drugie, tworząc coś naprawdę pięknego.

Barbara Bodziony: Dobrze powiedziane – można powiedzieć że iluminatorstwo w założeniu miało towarzyszyć tekstowi napisanemu. I tak bardzo często było – dlatego między innymi narodził się inicjał i przeszedł tak fantastyczny rozwój na przestrzeni wieków jako genialne dziecko litery! Miniatury miały dopełniać słowo pisane, czasem je zilustrować, czasem komentować. Jednak artyści wypełniający księgi wspaniałymi dekoracjami na tym nie poprzestali. Sztuka malowania rękopisów zaczęła żyć własnym życiem – nierzadko kompletnie nie związanym w żaden sposób z pisanym słowem. Przykładem tego są fascynujące, czasem zabawne, czasem wręcz wulgarne dekoracje marginalne, które możemy spotkać m. in. w gotyckich modlitewnikach. Dekoracje wyzwoliły się od słowa, zaczęły być wyrazem same w sobie.

Dlatego malarstwo książkowe jest tak fascynujące.

W wywiadzie, który jest we wstępie książki „Piękna Litera", zaciekawił mnie temat prowadzenia warsztatów w więzieniach. Słyszałem o praktykowaniu medytacji w zakładach karnych, ale żeby sztuka kaligrafii? To trochę nie pasuje. Pokuszę się o kontrowersyjne określenie: to łączenie „sacrum z profanum".

Ewa Landowska: Oczywiście nie zgodzę się. Po pierwsze kaligrafia to również forma medytacji, tylko w nagrodę dostajemy jeszcze „dzieło" w postaci pięknych liter. Po drugie, chyba ważniejsze, kaligrafia, czy inna czynność nie powinna być traktowana jak nagroda za piękną osobowość, lecz jako narzędzie, które może pomóc nam tę osobowość rozwijać i upiększać. Nie uważam, że komukolwiek należałoby takiej szansy odmawiać. Popatrzmy na to z innej strony: na tym, że ktoś będzie piękniejszy, dzięki kaligrafii na przykład, skorzysta nie tylko on sam, lecz także my jako społeczeństwo.

W dobie „ślizgania się" po marnych, zrobionych na szybko, produktach, które oferuje nam dzisiejszy rynek, wydaje się słusznym stwierdzenie, że człowiek musi stanąć i zachwycić się, zwolnić i pochylić się nad czymś, co nie przemija, a trwa przez wieki. Tak mi się wydaje, że jest w przypadku sztuki kaligrafii, tutaj człowiek dotyka pewnej tajemnicy wieków i wysokiego stylu, co jest na przekór dzisiejszym trendom.

Ewa Landowska: Franciszek Starowieyjski powiedział: „Litera jest wieczna. W literze jest harmonia świata." Historia świata zapisana jest w piśmie – obrazkowym, hieroglificznym, klinowym, czy alfabetycznym. Od wieków ludzie używają znaków, aby się komunikować. Fascynująca jest ilość systemów pisma powstałych w różnych częściach świata. Tak, to zachwyca i rzeczywiście trwa przez wieki. Myślę, że tajemnicą jest czas. Dzień niemal każdego z nas wygląda podobnie: rozdrabniamy się na dziesiątki różnych czynności, wiele czasu zajmuje się przemieszczanie z miejsca na miejsce. Tymczasem taki średniowieczny skryba całymi dniami tylko pisał, kopiował. Jestem pewna, że wpływa to na nasze poczucie czasu. To, że czas dziś nam ucieka, bierze się również z tego rozproszenia. Wieczorem łapiemy się na tym, że dzień przeminął i my nawet do końca nie wiemy, co takiego szczególnego tego dnia zrobiliśmy. Szukamy treści, problem w tym, że chodzimy trochę po takich pagóreczkach codzienności, ze szczytu których nie widać wiele więcej niż z dolinek. Dopiero dotarcie na szczyt wysokiej góry, długie i mozolne, może gwarantować nam prawdziwe zmęczenie, satysfakcję ze zdobytego szczytu i przepiękne widoki.

Barbara Bodziony: Tak – uczenie się kaligrafii, pochylanie się nad takimi samymi literami, nad którymi kiedyś pochylał się skryba czy XIX wieczny kaligraf, to niewątpliwie zbliżanie się do tamtych czasów w sposób, który ma w sobie cos z tajemnicy. Buduje się wtedy głębszego rodzaju doświadczenie historii. Pewien szacunek i zrozumienie dla pracy niezliczonej liczby pisarzy i skrybów, którzy zapełniali stronice literą, słowami, tekstami. A także zachwyt dla piękna. Piękna, które nie jest łatwym i szybkim produktem. Piękna, które wymaga wysiłku fizycznego i umysłowego. Wymaga czasu, by zaistnieć. Dlatego rozumiem tę radość uczestników warsztatów, kiedy po wielu godzinach ćwiczenia pojedynczych liter piszą swój pierwszy wyraz. To taka radość „stworzycielska", która towarzyszy wszystkim twórcom bez względu na materię, z jaką się zmagają.

Wreszcie musiał nastąpić czas, żeby te lata doświadczeń i wytrwałego doskonalenia własnego warsztatu zebrać w jedną całość i udostępnić ludziom. Skąd pomysł na projekt podręcznika „Piękna Litera"?

Ewa Landowska: Pomysł ten zrodził się w mojej głowie już parę lat temu. Pojawiało się coraz więcej zapytań o książki do kaligrafii w języku polskim, a nawet prośby, aby taką książkę napisać! Pomyślałam wtedy, że może to być ciekawa praca, do której mogę przenieść moje własne doświadczenie warsztatowe. Potem poznałam Basię i zaproponowałam jej, abyśmy zrobiły tę książkę razem. Każda z nas specjalizuje się w innych stylach kaligraficznych, więc pomyślałam, że może to się dobrze uzupełniać. Początkowo zakładałyśmy powstanie jednej części, a w niej kilka stylów. Zależało nam jednak, aby opracowanie to było dokładne i rzetelne, żeby nie była to książka, w której obok wzornika dodano tylko kilka uwag i wskazówek. Praca więc nam się wydłużyła i rozrosła objętościowo tak, że trzeba było ograniczyć się do dwóch stylów pisma, stąd pomysł, aby „Piękna Litera" składała się z kilku przystępnie i przyjaźnie wydanych części.

Barbara Bodziony: Pewnego dnia wybrałam się na herbatkę do przyjaciółki. Siadłam wygodnie na kanapie, niczego się nie spodziewając a po kilku godzinach wyszłam z planem na „Piękną literę". Tak było. Ewa zaproponowała mi wspólne napisanie podręcznika i to był jej doskonały pomysł. Myślę, że sama opowie, jak powstał.

Zastanawiam się, czy mogę używać określenia „pierwszy w Polsce podręcznik do kaligrafii"?

Ewa Landowska: Pytano nas o to wiele razy i same nie wiemy co odpowiedzieć. Ja nie spotkałam się z podręcznikiem do kaligrafii. Mam w swojej biblioteczce sporo książek do liternictwa, w których kaligrafii poświęcono kilka stron tytułem wstępu, mam przedwojenne elementarze i książki do nauki pisma w nauczaniu początkowym, albumy, w których można spotkać prace kaligrafów, czy nawet „wzorniki" konkretnych stylów pisma, ale nie powiedziałabym, że są to tzw. podręczniki do kaligrafii. Być może taki podręcznik istnieje, ale ja niestety nie miałam przyjemności się z nim zetknąć. Ja sama nie mówię o tej książce, jakoby był to pierwszy w Polsce podręcznik do kaligrafii, bo może to rodzić niepotrzebne emocje, a nie to – uważam – jest siłą tej książki. Dostajemy bardzo pozytywne głosy od użytkowników i czytelników, którzy już szlifują swój warsztat na podstawie jej treści i to jest siłą tego podręcznika. Niezależnie od tego, czy jest on pierwszym, czy nie.

Barbara Bodziony: My mamy nadzieję, że jest to dobry podręcznik do kaligrafii w Polsce! I to dla mnie jest najważniejsze.

To nie jest proste zebrać wszystko o dwóch stylach: uncjała i italika na 200 stronach – pokazać nie tylko historię, ale przede wszystkim praktykę.

Ewa Landowska: Nie jest to proste, ale nie taki był cel. Jak wyjaśniono w opisie książki – nie jest to kompendium wiedzy o kaligrafii, czy nawet tych dwóch stylach. Jest wiele książek historycznych, są książki do paleografii i z nich można dowiedzieć się wiele na temat historii obu tych stylów pisma. Nasza książka ma na celu ułatwić naukę kaligrafowania uncjałą i italiką.

Barbara Bodziony: Na początku chciałyśmy zrobić cztery pisma w jednej książce, ale pisząc o tych dwóch zorientowałyśmy się, że to niemożliwe. Postanowiłyśmy zrobić te dwa style pisma jak najdokładniej, by samodzielna nauka z podręcznikiem był łatwa. Czy zebrałyśmy wszystko o uncjale i italice? Oczywiście nie – wiele jeszcze można napisać i powiedzieć. O różnych rękopisach uncjalnych czy spisanych italiką, ale nie miało to być dzieło totalne a tylko podręcznik do nauki. Jeśli pobudzimy naszych czytelników do dalszego szukania, przeglądania rękopisów, porównywania, czytania na temat paleografii to nauczycielski cel obudzenia zapału i zainteresowania w uczniach będzie osiągnięty!

Jak zdążyłem już przeczytać, mocny nacisk został postawiony na zaznaczenie prawdopodobnych błędów osób, które rozpoczynają swoje doświadczenie z kaligrafią. Zamierzony zabieg?

Ewa Landowska: Jak najbardziej i jest to jeden z ważniejszych rozdziałów w książce. Pomysł na taki rozdział wziął się z doświadczenia pracy warsztatowej. Gdy pokazuję kolejną literę do napisania, zawsze uprzedzam o możliwości wystąpienia konkretnych błędów. Zauważyłam, że to pomaga ich uniknąć. Pomyślałyśmy więc, że podręcznik też powinien zawierać taki rozdział.

Barbara Bodziony: Zabieg jak najbardziej zamierzony i zaproponowany przez Ewę. Na początku nauki nasze oko, **słabo wyrobione**, nie do końca potrafi rozpoznać wszystkie błędy. Litery często wydają nam się lepsze niż są w rzeczywistości. To może zahamować nasz rozwój. Dlatego warto popatrzeć na rozdział o błędach, by nie powielać własnych błędów.

Prace nad książką „Piękna Litera" trwały całkiem sporo czasu. Wiem, że perfekcjonizm w sztuce to coś istotnego. Piękno tkwi w szczegółach... Ale czy nie odnosicie takiego

wrażenia, że czasami jest to droga bez końca. Przecież zawsze coś można zrobić jeszcze lepiej. Chodzi mi o wyczucie pewnej granicy.

Ewa Landowska: Tak, to jest droga bez końca. Mogłabym tej książki nie skończyć. Ale ludzie ciągle pytali, czekali i to właśnie pomogło podjąć decyzję o postawieniu ostatniej kropki.

Barbara Bodziony: Prace nad książką trwały długo, ponieważ pisały je dwie osoby, które nigdy książki nie pisały. Nasze wyobrażenia o tym, jak szybko poradzimy sobie z tym zadaniem rozbiły się szybko o rzeczywistość. Z mojej strony nie był to perfekcjonizm, a raczej troska o czytelnika – aby jak najprościej i najlepiej pokazać mu drogę. To duża odpowiedzialność. Raz napisane w książce, zostaje na długo. Dlatego tak długo pisałyśmy, a i tak mimo naszej drobiazgowości parę chochlików drukarskich się wdarło do I wydania.

Jeśli chodzi o perfekcjonizm, to oczywiście zgadzam się z Panem, że trzeba wyczuć granicę. Dlatego, że perfekcjonizm zabija radość tworzenia. Nic nigdy nie jest wystarczająco dobre. Czasami też nadmierny perfekcjonizm zabija ręczną literę zamieniając ją na schematycznie powielany wzór. Piękno kaligrafii tkwi także w tym, że jest ot praca ręczna i ten rys ludzkiej ręki w kaligraficznym piśmie chcemy widzieć.

Dlaczego akurat zdecydowałyście się na wydanie podręcznika w Wydawnictwie Benedyktynów Tyniec?

Ewa Landowska: (tu powinna odpowiedzieć Basia). Ja od siebie mogę dodać, że od początku spodobała nam się dyspozycyjność i otwartość Wydawnictwa na nasze pomysły. A w trakcie pracy wyrozumiałość.

Barbara Bodziony: Opat Sawicki był pierwszym w Polsce, który tak chętnie i z radością przyjął moje warsztaty kaligraficzne na teren opactwa. Zawsze mu będę za to wdzięczna. Od 2008 r. nieprzerwanie prowadzę w Benedyktyńskim Instytucie Kultury warsztaty kaligrafii i iluminatorstwa.

Kiedy zastanawiałyśmy się, gdzie wydać naszą książkę, zaproponowałam właśnie Wydawnictwo Benedyktynów. Do współpracy z wydawnictwem zresztą, wielokrotnie namawiał mnie śp. ojciec Jan Paweł. Mówił zawsze, że piękne rzeczy, które robię wspaniale wpisują się w tradycję benedyktyńską. Już po pierwszym spotkaniu z wydawnictwem wiedziałyśmy, że to był dobry wybór. Cierpliwość, otwartość, zrozumienie to było kluczowe dla naszej pracy nad książką. Dzięki życzliwości opata mogłyśmy także korzystać z pomieszczeń w opactwie, kiedy potrzebowałyśmy ciszy i spokoju do pracy.

Wiem, że to nie koniec i będzie ciąg dalszy podręcznika „Piękna Litera". Zdradzicie coś więcej?

Ewa Landowska: Ja opracowuję już od dłuższego czasu copperplate script, więc z mojej strony w kolejnej części można spodziewać się tego właśnie stylu pisma.

Barbara Bodziony: Kolejna część to dwa pisma: minuskuła karolińska i copperplate. Mam nadzieję, że ukaże się w 2017 roku…

Na koniec chciałbym prosić o kilka punktów, można powiedzieć takie 10 przykazań dla każdego, kto chce rozpocząć przygodę z kaligrafią. Z czym trzeba się liczyć i jakie „cnoty" należy w sobie wyrobić?

Ewa Landowska: Ja chyba mogłabym streścić te 10 przykazań do jednego najważniejszego: „Rób to, co kochasz – kochaj to, co robisz." Wtedy wszystko zdaje się prostsze.

Barbara Bodziony:

1. Zaopatrz się w dobre narzędzia i dobry papier.
2. Zdobądź podręcznik lub nauczyciela! (a najlepiej obu)
3. Bądź cierpliwy i wytrwały.
4. Szukaj przykładów i inspiracji.
5. Ciesz się pisaniem.
6. Nie zniechęcaj się niepowodzeniami, doceń nawet małe sukcesy.

7. Nie napinaj ręki, rozluźnij się a twoje litery będą lżejsze
8. Nie ćwicz cały dzień. Lepiej krócej a regularnie.
9. Nie porównuj się z innymi, każdy ma swoją drogę do pięknej litery.
10. Porzuć perfekcjonizm, ciesz się swoją literą!

Dziękuję za rozmowę.

Kaligrafia to
harmonia, oparta
na rytmie zgranych
ze sobą liter,
wyrazów, zdań
tak by tworzyły
wyważoną
kompozycję
(Barbara Bodziony)

DODATEK

***Jacek Zelek:** Sukces pierwszego tomu „Pięknej Litery", spotkania autorskie, wyróżnienie w konkursie „Najpiękniejsza Książka Roku 2016", zapowiedź kolejnej części związanej z krojem pisma: minuskuła karolińska i copperplate script... Nie czujecie się obciążone?*

Ewa Landowska: Zupełnie nie. Ja czuję się szczęśliwa, że książka, w formie jaką zaproponowałyśmy trafiła w gusta tak wielu osób. Z tego, co wiemy, książka cieszy się od dnia zapowiedzi niesłabnącym zainteresowaniem. Praca nad pierwszym tomem była długa i wymagająca, ponieważ krystalizowała się podczas niej taka, a nie inna formuła podręcznika. To było też nasze pierwsze doświadczenie w pisaniu książki, więc wielu rzeczy dopiero się uczyłyśmy. Drugi tom pisze nam się lżej, ponieważ wiemy już, że metoda dydaktyczna wybrana przez nas – przyjęła się bardzo dobrze. Idziemy więc za tym, co sprawdzone i wiemy jak powinna wyglądać nasza praca krok po kroku. Nie bez znaczenia jest też fakt, że od samego początku pracować będziemy z panią Moniką Wojtaszek-Dziadusz, dzięki której pierwsza część „Pięknej litery" zdobyła wyróżnienie. To z pewnością ułatwi nam pracę.

Barbara Bodziony: Bardzo się cieszymy! Jest nam szalenie miło, że książka tak spodobała się odbiorcom. Wiele miałyśmy obaw, decydując się na jej wydanie i od samego początku pracy nad podręcznikiem nie byłyśmy pewne, czy sprostamy oczekiwaniom. Nieustannie coś poprawiałyśmy, o czym świetnie wie współpracujący z nami zespół wydawnictwa. Chciałyśmy oddać czytelnikom dobry i funkcjonalny podręcznik. Wyróżnienie w konkursie to dla nas niespodziewana nagroda za trud podjęty wspólnie z Panią Wojtaszek-Dziadusz, aby ten podręcznik był także piękną książką! A czy czujemy się obciążone – ...pracy mamy sporo, ale to przyjemna i ekscytująca praca.

Jak to robicie, że tak sprawnie łączycie kilka aktywności naraz? Warsztaty, iluminatorstwo, śpiew, spotkania... – gdzie tkwi sekret?

Ewa Landowska: Dla mnie kaligrafia ma w sobie tak dużo muzycznych cech, że czasami nie czuję różnicy pomiędzy tymi dwiema aktywnościami. Jest mi dużo prościej podejmować pewne działania kaligraficzne czy liternicze właśnie wtedy, gdy myślę o nich, jak o muzyce. Ale bywa też trudno. Nie jestem najlepszą organizatorką, koncentruję się na działaniu twórczym, ponadto nie znoszę działania w pośpiechu, na termin. A świat jakoś tak sobie niepotrzebnie urządziliśmy: pośpiesznie i na termin. Kłóci się to z moją potrzebą dokładności i dwiema moimi myślami przewodnimi: „pośpiech poniża" i „będzie, kiedy będzie". Na szczęście, wszystko ma swój początek i koniec. A jeśli nie ma końca, to znaczy, że coś nie wyszło po drodze i trzeba się temu przyjrzeć i naprawić.

Barbara Bodziony: Każda z nas oprócz kaligrafii ma też swoje inne pasje, które realizujemy. Nie wiem, czy sprawnie, ale niewątpliwie nie rezygnujemy z niczego co nam sprawia radość i co nas definiuje. Ja nie wyobrażam sobie życia bez malowania ani bez gór. Są to takie rzeczywistości, które pozwalają odnaleźć głęboki spokój i radość. Dzięki temu, mam nadzieję, jestem lepszym nauczycielem, kiedy zaczynam kolejny dzień warsztatowy.

Po doświadczeniu I części „Pięknej Litery" możecie się chyba pochwalić, jak ludzie reagowali po skorzystaniu z pierwszego polskiego podręcznika do kaligrafii.

Ewa Landowska: Z pewnością trzeba podziękować im za cierpliwe oczekiwanie na tę książkę. Od pierwszej zapowiedzi, że podręcznik jest w przygotowaniu do premiery trzeba było czekać aż rok. Ale, jak wcześniej wspomniałam, wszystko dlatego, że bardzo nam zależało na dobrze zrobionej książce. Pod każdym względem: merytorycznym, dydaktycznym, technicznym i – przede wszystkim – pod względem funkcjonalności. Dlaczego podkreślam to ostatnie? Nie dlatego, aby funkcjonalność była ważniejsza od merytoryki, ale dlatego, że zwykle jest ona całkowicie pomijana, a przecież komfort korzystania z takiej książki jak podręcznik, jest niezwykle istotny. Bardzo chciałyśmy, aby książka była dopracowana pod każdym względem. Zdawałyśmy sobie sprawę z tego, jak bardzo jest ona oczekiwana, ponieważ od kilkudziesięciu lat nie ukazywały się podręczniki do kaligrafii polskich autorów, miałyśmy więc świadomość, że będzie to spore wydarzenie. Głupio byłoby się pospieszyć i w tym pośpiechu coś zepsuć...

A książka została przyjęta bardzo ciepło, szczerze mówiąc – nie spodziewałyśmy się takiego przyjęcia. Pojawiło się wiele recenzji i w każdej podkreślano, że „Piękna Litera" jest pięknie wydana i przedstawia wyczerpującą wartość merytoryczną i dydaktyczną. To naprawdę najlepsze, co mogłyśmy na jej temat usłyszeć!

Barbara Bodziony: Mamy bardzo dużo zwrotnych reakcji. Jest nam szalenie miło, gdyż to, co słyszymy, jest bardzo pozytywne. Uczniowie mówią nam, że podręcznik doskonale prowadzi krok po kroku. I to jest dla nas największym sukcesem, ponieważ to właśnie chciałyśmy osiągnąć. Aby można było uczyć się samodzielnie. Mówią nam też czytelnicy, że książkę bardzo dobrze się czyta – uff... to znaczy, że nie przynudzamy. Mamy też bardzo wiele podziękowań za stronę estetyczną książki od zachwyconych prostotą i pięknem tego podręcznika. Wszystko to jest dla nas niezwykle zachęcające do tego, aby kolejną książkę napisać jeszcze lepiej, a wydać jeszcze piękniej.

Trwają prace nad II tomem. Dlaczego akurat wybrałyście minuskułę karolińską i copperplate script?

Ewa Landowska: Oba te style pisma historycznie są kontynuacją podjętych tematów w pierwszej części. Minuskuła karolińska pochodzi od uncjały, copperplate script od italiki. Początkowo planowałyśmy, że pierwsza część „Pięknej Litery" będzie zawierała właśnie te cztery style pisma, jednak gdy zorientowałyśmy się, jaką objętość zajmują tylko dwa, uznałyśmy, że na plus funkcjonalności książki lepiej będzie umieścić w jednym tomie dwa style, a w kolejnym następne.

Barbara Bodziony: Jeśli chodzi o minuskułę jest to wybór dla mnie obowiązkowy. To piękny styl, którego wpływ na pisma kolejnych wieków był kolosalny. Renesans karoliński wprowadzający ten konkretny styl do skryptoriów europejskich dokonał wśród piszących niezwykłej rewolucji. A kilka wieków później minuskuła zachwyca włoskich humanistów, którzy na jego kanwie projektują nowe pisma zwane littera antiqua. Pisma te szybko wchodzą na karty drukowane, a formy liter wywodzące się od „prababki karoliny" do dziś rozpoznajemy w wielu fontach.

Czy dalej trwacie w postanowieniu, żeby podręcznik nie przekraczał 200 stron?

Ewa Landowska: To się raczej nie uda. Moje opracowanie copperplate'a jest dość obszerne. Wynika to pewnie z tego, że uczę go od 11 już lat. W tym czasie zdążyłam opracować wiele pomocnych ćwiczeń, które pomagają zrozumieć konstrukcję tej litery. Nie chciałabym ich skąpić osobom, chcącym nauczyć się tego stylu pisma z książki. Nie jest to łatwy styl. Aby miał on sens w wydaniu podręcznikowym, nie wystarczy – moim zdaniem – zdawkowe opisanie liter i ukazanie kilku przykładów. Potrzebna jest spora ilość opisów instruktażowych, pokazanie błędów i umiejętność przewidzenia, czego odbiorca może nie zrozumieć i z jakiego powodu (tu bezcenne bywa doświadczenie warsztatowe). Takie samo założenie przyświecało nam w części pierwszej, ale italiki uczę znacznie krócej niż copperplate'a...

Barbara Bodziony: Nie jest najważniejsze, żeby podręcznik miał określoną ilość stron. Tym razem z pewnością będzie obszerniejszy ze względu na copperplate script, który wymaga sporego omówienia.

Styl i skład wydania, jak zauważyłem, pozostaje taki sam.

Ewa Landowska: Tak, od początku, gdy już tylko zorientowałyśmy się, że nie uda nam się zmieścić wszystkiego w jednym tomie, chciałyśmy, aby „Piękna Litera" prezentowała się na półkach jako seria tomów – coś na kształt encyklopedii. Poza tym, jesteśmy bardzo dumne z nazwy „Piękna Litera" (zawdzięczamy ją pani Annie Łoś), oddaje ona bowiem kwintesencję tego, czego staramy się nauczyć innych poprzez ten podręcznik.

Barbara Bodziony: Tak, kolejny tom i skład będzie podobny, zmieni się tylko przewodni kolor i w tym tomie będzie to niebieski.

Planujecie jakieś zmiany?

Ewa Landowska: Tak. Zmieni się kolor przewodni podręcznika (śmiech).

...i najważniejsze. Kiedy czytelnicy mogą się spodziewać wydania II tomu „Pięknej Litery. Minuskuła karolińska, copperplate script"?

Ewa Landowska: Nie chcemy kazać czekać naszym „korespondencyjnym kursantom" zbyt długo (i sobie zresztą też) na niebieską „Piękną Literę". Pracujemy intensywnie, ale bez pośpiechu. Stawiamy na jakość, może zatem grudzień...?

Barbara Bodziony: Pracujemy pilnie i mamy nadzieję, że będzie to szybko. Możemy obiecać jedno, że postaramy się przygotować materiał solidnie i starannie tak, aby podręcznik był jeszcze lepszy niż pierwszy tom.

Dziękuję za rozmowę.

ŁUKASZ WOJTUSIK

Dziennikarz kulturalny radia TOKFM, Szef krakowskiej redakcji Grupy Radiowej Agory. Autor wielu rozmów z ludźmi kultury i sztuki. Laureat nagrody Dziennikarzy Małopolski dla najlepszego dziennikarza kulturalnego (2013). Doktorant nauk społecznych Wydziału Zarządzania i Komunikacji Społecznej na Uniwersytecie Jagiellońskim. Mąż i ojciec. Zbiera ikony, czyta książki; gdy jest za głośno, jedzie do Tyńca.

Świat nie jest czarno-biały. Warto być uczciwym (Łukasz Wojtusik)

JEŚLI DOBRZE SŁUCHASZ, PYTANIA PRZYCHODZĄ SAME...

O BYCIU DZIENNIKARZEM

Setki wywiadów i audycji radiowych. Mnogość relacji, spotkań autorskich i nie tylko. Literatura, kultura, a od jakiegoś czasu duchowość... Wspólnie z ojcem Leonem pogadał sobie o śmierci i sprawach ostatecznych. Nie boi się podejmować trudnych tematów.

Jak to jest być dziennikarzem i redaktorem w jednej z najbardziej znanych i opiniotwórczych stacji radiowych, TOK FM? Jak wygląda typowy dzień z życia redaktora? Które wywiady były najciekawsze, a które najtrudniejsze? Czym jest szczere i autentyczne dziennikarstwo? O te i inne sprawy zapytałem mojego gościa, czyli **Łukasza Wojtusika**, którego znajdziecie w Krakowskim Przedmieściu i Poczytalnych, i jeszcze w paru innych miejscach.

Jacek Zelek: Kim jest Łukasz Wojtusik?

Łukasz Wojtusik: Ojcem i mężem. Dziennikarzem. Człowiekiem, który lubi ludzi. Książkolubem.

Wygląda na to, że jestem pierwszym, który przeprowadza z Tobą wywiad. Jak to jest, gdy jest się przepytywanym? Zawsze to Ty zadajesz pytania…

Przynajmniej próbuję. I zrobię ci przyjemność, potwierdzając: Tak, jesteś pierwszym blogerem, któremu udzielam wywiadu.

Słyszałem, że wcześnie wstajesz?

Do pracy wychodzę na długo przed pierwszym dzwonkiem w opactwie w Tyńcu. O piątej rano jestem w redakcji, robię kawę i zaczynam sprawdzać, co wydarzyło się na świecie, w kraju, i w Małopolsce, i w Krakowie. Potem pracuję nad lokalnymi informacjami, zbieram wiadomości na dany temat, przeglądam prasę, przygotowuję się do nagrań w ciągu dnia. Umawiam się na rozmowy, spotkania, nagrywam, montuję, piszę. Tak to w skrócie wygląda. I czytam. Książki czytam.

Łączysz wiele aktywności naraz. Zdradzisz tajemnicę, jak to się robi?

Normalnie. Trzeba być sprawnym logistykiem. Mało sypiam, a to akurat nie jest powód do dumy.

Lubisz to, co robisz?

Pewnie. A ty byś nie lubił spotykać codziennie innych ludzi, rozmawiać i uczyć się od tych, którzy wiedzą więcej? Ludzie robią fantastyczne rzeczy, często z bliska mogę się przyglądać ich pracy.

Kto jest Twoim autorytetem? Kogo uważasz za swojego mistrza, na kim się wzorujesz?

Trwa dyskusja w mediach o braku autorytetów i jednoczesnej potrzebie autorytetu. Mógłbym wymienić kilka osób, które pokazały mi, na czym polega praca dziennikarza radiowego, wyliczyć nazwiska znanych osób, które są dla mnie mistrzami w konkretnych dziedzinach. Tylko czy o listę nazwisk chodzi? Popełniamy błędy, świetni naukowcy są czasami fatalnymi rodzicami, wspaniali dziennikarze nie radzą sobie z presją, znakomici teologowie odchodzą z Kościoła. Lubię dystans księdza Adama Bonieckiego do rzeczywistości i jednoczesne jego zaangażowanie w ludzi, uwielbiam sposób reportażowego opowiadania świata przez Małgorzatę Szejnert. Chciałbym starzeć się jak Peter Gabriel i podziwiam to, co muzycznie robi Wojciech Waglewski. Co z tego wynika? Poza tym, że sobie uświadomisz, kogo lubisz, kogo cenisz, a kogo nie – niewiele. Skupiam się raczej na małych celach, staram się nie zawalać.

Przeglądając Twój dorobek można zauważyć dwie dziedziny, w których cały czas siedzisz – literatura i kultura. To Twój wybór, czy sugestia szefów?

Kultury nie da się chyba komuś narzucić. Czytam książki, rozmawiam z ludźmi, chodzę do kina, od czasu do czasu idę do teatru i potem rozmawiam o tym na antenie. Cały czas szukam. Wszystkie te rzeczy po prostu lubię.

Jesteś w stanie określić, ile zrobiłeś już wywiadów, spotkań autorskich czy też relacji z różnych wydarzeń?

Nie. To nie wyścig, nie dostajesz dyplomu po dwustu rozmowach, nie przejdziesz dzięki temu na kolejny poziom, jak w grze komputerowej, więc po co liczyć? Warto czekać na następne rozmowy.

Zdarzają ci się jakieś nudne wywiady?

Zdarzają się też głupie pytania. Nie. Jeśli zapraszam kogoś do studia, robię to dlatego, że coś co zrobił, albo to, o czym chciałby opowiedzieć, wydaje mi się co najmniej ciekawe. Oczywiście zdarzają się super historie i opowiadający o nich ludzie pozbawieni daru narracji. Czasem niektórzy próbują pokazać swój tytuł naukowy, udowodnić, że wszystko wiedzą najlepiej. Wtedy zadaje im głupie pytania, dość szybko sprowadzam swojego rozmówcę na ziemię.

A teraz z drugiej strony: czy przeprowadzałeś kiedyś wywiad z osobą, z którą trudno było nawiązać kontakt? Wiem, że na przykład zrobić rozmowę ze Sławomirem Mrożkiem to była istna droga przez mękę.

Kilka razy spotkałem się z osobami, które były negatywnie nastawione do rozmowy. Trzeba robić swoje, a to trudne, gdy wiesz, że ktoś nie chce z tobą dyskutować, ale został wypchnięty przez swojego szefa, wsadzony w garnitur rzecznika sprawy. Odbyłem wiele trudnych rozmów. To sytuacje, w których nie ma zwycięzców i pokonanych. Po wywiadzie zadaję sobie pytanie, co mogłem zrobić lepiej.

Opowiedz o najciekawszym spotkaniu w Twojej karierze dziennikarskiej. Kto to był? O czym rozmawialiście? I dlaczego to było takie wyjątkowe?

Hmm. Najciekawsze spotkania, mam nadzieję, dopiero przede mną. Ale śpiewałem kiedyś na antenie piosenkę „L'estaca" po katalońsku z Jaume Cabrem, autorem powieści „Wyznaję". U innego pisarza, tym razem polskiego, zostawiłem słuchawki, a on mi pożyczył parasol, więc pewnie się jeszcze spotkamy.

Szukałem kiedyś przepisu na dobry wywiad, ale kiepsko mi szło. Teraz mam okazję zapytać profesjonalistę. Proszę o kilka rad dla amatora – jak zrobić dobry wywiad?

Ale ja nie jestem mentorem, raczej wiem, że nie wiem. [uśmiech]. Myślę, że trzeba dobrze słuchać swojego gościa. Jeśli dobrze słuchasz, pytania przychodzą same.

Czy warto przygotować się przed rozmową?

A można się nie przygotować?

Jak się przygotowujesz, ile zabiera Ci to czasu?

Tyle, ile trzeba. Czasem ciut mniej. Przede wszystkim, jeśli moim gościem jest autor książki – czytam jego powieść, zbiór reportaży. Często przeglądam inne publikacje. Czasami zerkam do innych wywiadów, by nie powielać myśli, nie pytać o rzeczy oczywiste. Pytam znajomych, kolegów w redakcji, o co chcieliby go zapytać? Mam notes. Robię piórem notatki podczas czytania. I układam hasła, zagadnienia. Rzadko zapisuję konkretne pytania.

Improwizowałeś kiedyś?

Rozmowa jest rodzajem improwizacji. Nie jesteś w stanie przewidzieć wszystkiego. Planujesz miejsce, zagadnienia, przebieg rozmowy, ale wystarczy, że ból zęba u Twojego gościa możne zburzyć misternie tkany plan. Improwizuję na solidnym szkielecie, bazie, którą jest lektura tekstu, znajomości historii osoby, z którą rozmawiam.

Istnieje jakiś kodeks czy też uniwersalne zasady, które obowiązują każdego dziennikarza?

Każdego, czyli żadnego. Dziś pozornie, powtarzam – pozornie, dużo łatwiej jest zostać dziennikarzem. Wystarczy dobry temat, pióro, miejsce w Internecie i już.

A zasady?

Nie kłamię, sprawdzam informację w przynajmniej kilku źródłach, wielokrotnie sięgam do źródeł wiadomości, szukam i pytam. Nie kłamię, że się na czymś znam, jeśli jest inaczej. To moje zasady. Każdy ma pewnie trochę inne, dostosowane do medium, w ramach którego publikuje.

Czym się kierujesz w doborze tematów? Spływa do Ciebie wiele propozycji – niektóre musisz odrzucić...

Dziennikarze są kuszeni przez agencję PR, wydawnictwa, różnego rodzaju organizacje. Ich cel jest prosty: namówić cię, by jakaś informacja pojawiła się w mediach, niekoniecznie w blokach reklamowych. Nie ma w tym niczego złego, tak zarabiają na chleb. Ale trzeba uważać i szanując ich pracę – odmawiać. Które propozycje odrzucam? Nauczyłem się nie zajmować sprawami, na których kompletnie się nie znam, które wymagają specjalistycznej wiedzy. Najczęściej polecam wtedy innych kolegów z mojej redakcji, którzy zajmują się taką tematyką. Nie wyobrażam sobie, że mógłbym prowadzić panel, poważną dyskusję poświęconą gospodarce.

W wielu przypadkach mamy do czynienia z rozmytym dziennikarstwem – dziennikarstwem, które zwyczajnie się sprzedaje. Czy jest w dzisiejszych czasach miejsce na szczere i rzetelne dziennikarstwo?

Rozmawiamy szczerze, nie oszukuję, nie ściemniam. Nie mam powodu. Masz odpowiedź.

Czy zdarza Ci się komentować rzeczywistość polityczną w naszym kraju?

Nie jestem komentatorem, publicystą. Nie piszę felietonów. Kiedyś próbowałem, chyba nie umiem. Nie bawi mnie to.

W swoim biogramie w książce „Dusza z ciała wyleciała. Rozmowy o śmierci i nie tylko" piszesz o tym, że jeździsz do Tyńca. Po co?

Złapać oddech. Mnóstwo moich znajomych biega, co szczerze podziwiam. Mam przyjaciół, którzy każdą wolną chwilę spędzają na górskim szlaku. Opowiadają mi, jak tęsknią i gdzie się następnym razem wybiorą. Ja, gdy robi się gęsto jadę do Tyńca. Nie biorę udziału w rekolekcjach, warsztatach. Po prostu jadę pomilczeć, niektóre rzeczy poukładać na nowo. Łapać oddech.

A dlaczego benedyktyni?

Bo są najbliżej od domu, a jednocześnie wystarczająco daleko od Krakowa. A tak serio: tam nikt nie pyta mnie, czy jestem wierzący, czy nie. Nikt nie zmusza do uczestnictwa w nabożeństwach, nikt nie każe mówić zdrowasiek i być częścią wspólnoty. W tej wspólnocie czuje się jednocześnie zamknięty i wolny. Poza tym lubię słuchać historii o Ojcach Pustyni.

Co najbardziej drażni Cię w polskim Kościele?

Nie znam się na polskim Kościele. Drażni mnie nieprzygotowany ksiądz na kazaniu, drażni mnie to, że kapłan mówi w jednym zdaniu o miłosierdziu, a kolejnym dzieli Polaków na lepszych i gorszych. Wkurza mnie poczucie misji i obłuda niektórych duchownych. Ale widzę też sporo dobrych rzeczy.

Na przykład?

Otwarcie na świat, mądrych młodych księży, którzy nie boją się ze mną zadawać i odpowiadać na trudne pytania. Przecież ja nie pytam, żeby im dowalić, pokazać, kto lepszy. Pytam, ponieważ nie wiem albo interesuje mnie coś więcej niż oficjalny komunikat Episkopatu. Pytam człowieka, a nie instytucję.

Masz zasady?

Staram się moim synom pokazywać, że świat nie jest czarno-biały i że warto być uczciwym. Że warto mówić „Dzień dobry" ludziom w windzie, nawet jeśli nie odpowiadają. Wiedzą, że mogą na mnie liczyć. Czy to według ciebie oznacza, że mam zasady...?

Dziękuję za rozmowę.

UWAŻASZ, ŻE ŚMIERĆ MOŻE BYĆ ZABAWNA?

Śmierć nie jest straszna... **Czy aby na pewno?** W drugiej części rozmowy z Łukaszem Wojtusikiem (współautorem) zajmiemy się niedawno wydaną książką – rozmową z ojcem Leonem Knabitem na temat śmierci („Dusza z ciała wyleciała. Rozmowy o śmierci i nie tylko").
O co tu chodzi? Skąd pomysł? Jak rozmawiać o rzeczach, na które nie ma odpowiedzi? **Czy do tematu śmierci można podejść z humorem?** Ile jest prawdy w powiedzeniu: starość nie radość? To tylko niektóre tematy, które chciałbym poruszyć w dzisiejszej rozmowie z Łukaszem Wojtusikiem.

Jacek Zelek: Skąd pomysł na temat i dlaczego wybrałeś ojca Leona do rozmowy?

Łukasz Wojtusik: Idea powstała przy okazji rozmowy z ojcem Leonem, który świętował w Tyńcu swoje 85. urodziny. Pomyślałem, że człowiek, który na co dzień dzieli się życiowym doświadczeniem z innymi, który nie boi się trudnych tematów, może mieć coś ciekawego do powiedzenia o śmierci. Nie myliłem się. Pamiętam, że wysłałem mail do ojca Leona z pytaniem, czy zgodziłby się na cykl rozmów. Przedstawiłem mu kwestie, które mnie interesują. Po kilkunastu godzinach otrzymałem pozytywną odpowiedź. I tak rozpoczęła się praca nad książką.

Skąd tytuł: „Dusza z ciała wyleciała"?

Przy rozmowach o śmierci można bardzo łatwo popaść w pretensjonalny, patetyczny ton. Szukałem tytułu, który nie będzie śmiertelnie poważny i udało się. „Dusza z ciała wyleciała" to początek średniowiecznego tekstu, którego formą kilkaset lat później inspirował się Julian Tuwim pisząc „Piosenkę umarłego". I tytuł jest bardzo Leonowy! [uśmiech].

Jaka jest rola Adama Golca w książce? Skąd idea, by stworzyć kolejną warstwę publikacji, czyli podróż fotogra-

ficzną po zagadnieniach śmierci? I czy jesteś zadowolony z rezultatów?

Adam Golec zrobił mi niezwykły prezent. Do dziś nie znam do końca powodów, dla których jeden z najwybitniejszych i najbardziej cenionych fotografów w kraju zgodził się wziąć udział w naszym projekcie. Od początku chciałem, by książce towarzyszyły zdjęcia. Opactwo w Tyńcu jest miejscem pełnym turystów, pielgrzymów, którzy przyjeżdżają tu by złapać oddech, pomodlić się, porozmawiać z braćmi i ojcami. Na fanpage'u Benedyktynów tynieckich sporo jest pięknych fotografii, ślicznych widoczków z opactwa, aż się chce wsiadać i jechać. Ale ja chciałem, by ktoś na Tyniec spojrzał intymnie. Początkowo Adam wyraził chęć wykonania sesji okładkowej ojca Leona do tej publikacji, potem nagle powiedział, że wpadnie do Tyńca i spróbuje mu się przyjrzeć z bliska. Efekty jego pracy można zobaczyć w książce. Co ważne, fotografie Adama są zupełnie osobną, autorską opowieścią o Tyńcu. Nie trzeba szukać odniesień w tekście do fotografii, ba, nawet nie można. Myślę, że dla wielu czytelników takie spojrzenie na jedno z najbardziej rozpoznawalnych opactw w kraju może być odkrywczym doświadczeniem.

Jakie tematy z ojcem Leonem podejmujecie w rozmowie?

Przeróżne [uśmiech]. Przede wszystkim rozmawiamy o życiu, o odchodzeniu, o trudnych życiowych wyborach. Dyskutujemy o eutanazji, o prawie do godnej śmierci, o tym, jak śmierć pokazuje się w mediach, o starzeniu się. Czasem się różnimy, czasem zgadzamy ze sobą. To trochę jak rozmowa przy rodzinnym stole podczas obiadu. Siedzimy przy nim, spieramy się, śmiejemy, rozstajemy w pokoju, by za kilka dni jeszcze raz podjąć temat. Mam nadzieję, że nie wymądrzamy się, próbujemy szukać sensownych odpowiedzi. Czasem nam się nie udaje.

Czy miałeś jakiś szczególny cel w wydaniu tej książki? Czy stała za tym jakaś idea? Na przykład chęć uświadomienia ludziom, że taki temat jest i nikt od niego nie ucieknie?

Zawiodę Cię, nie miałem przesłania, wiadomości dla potomnych, nic z tych rzeczy. Może dlatego, że boję się patosu. Mam za sobą doświadczenie śmierci bardzo bliskiej osoby. Pewnie wpłynęło ono na wybór wątków, które z ojcem Leonem poruszaliśmy podczas rozmowy. Chciałem, żeby wyszła z tego szczera dyskusja, bez owijania w bawełnę. Coraz częściej chowamy nasze lęki do szafy, wypieramy myśl o starości i śmierci. Jesteś stary, jesteś przegrany? Niekoniecznie – jak pokazuje przykład ojca Leona.

Jak wyglądały spotkania z ojcem Leonem? Dobrym był rozmówcą?

Powinieneś coś o tym wiedzieć, przecież umawiałeś nas na spotkania [uśmiech]. Najczęściej widywaliśmy się z ojcem Leonem w Rozmównicy. To rodzaj pokoju z aneksem kuchennym, okrągłym stolikiem i kredensem, gdzie bracia i ojcowie mogą spotkać się ze swoimi gośćmi. Parzyliśmy sobie kawę, siadaliśmy przy stole, włączałem sprzęt nagrywający i gadaliśmy. Czasami w kredensie udawało się nam znaleźć ciasteczka, było coś dla duszy i dla ciała. Czy dobrze mi się rozmawiało? Ojciec Leon jest gawędziarzem, jeśli był problem, to głównie z tym, by go zatrzymać i zadać kolejne pytanie. Najbardziej znany benedyktyn w kraju jest gadułą [uśmiech].

Duży stres?

Nie. Dlaczego?

W końcu pytasz doświadczonego mnicha, i do tego jednego z najbardziej znanych autorów w Polsce.

Moja praca polega na rozmawianiu z ludźmi. Gdybym obchodził się z ojcem Leonem jak z jajkiem, bał się pytać, pewnie nic by z tego nie wyszło. A pewnie i ojciec Leon by mnie za to ochrzanił.

Jesteś zadowolony z efektu?

Tak. To dwanaście uczciwych rozmów. Bez naciągania.

To Twoja pierwsza książka, a więc pojawia się jakiś stres przed tym, jak zostanie przyjęta. Obawiasz się krytyki?

Czego miałbym się bać? Nie myślę o książce kategoriami, czy się spodoba, czy nie i co, jeśli jednak nie.

Jaki jest sens rozmawiać o czymś oczywistym? Śmierć dopadnie każdego... to przecież nic nowego.

W śmierci, poza jej fizycznością, nie ma nic oczywistego. Czego boisz się najbardziej? Śmierci. Jeśli nie swojej, to bliskiej ci osoby. Co najbardziej cię dotyka? Narodziny dziecka i śmierć właśnie. Od momentu narodzin umieramy. Koniec, kropka. Dlatego warto było spędzić kilkadziesiąt godzin w Rozmównicy z ojcem Leonem.

Niby poważny temat, a w rozmowie przebija w wielu miejscach dobry humor. Czy to wypada?

Ojcu Leonowi – na pewno [uśmiech]. Dobry humor sprawia, że pęka balonik pełen napuszenia i obłudy. A ja mam w dłoniach igłę i przekłuwam ten balonik, za przyzwoleniem i aprobatą ojca Leona.

Czego było więcej w spotkaniach z ojcem Leonem – żartów czy powagi?

Ojciec Leon o trudnych sprawach opowiada w lekki sposób. To jeden z niewielu duchownych, na widok którego po prostu się uśmiechasz. Kiedy trzeba, zachowuje powagę, ale ma, co ważne w tym kontekście, dystans do siebie i swoich przemyśleń. Stąd żarty, które są częścią jego osobowości i medialnego emploi.

W tekście spotkamy wiele zabawnych historyjek, anegdot... Która utkwiła Ci najbardziej w pamięci?

Nie zdradzajmy zbyt wiele. Ale mogę powiedzieć, że ojciec Leon przekonał mnie, że potrafi posługiwać się językiem potocznym i nie stroni od mocnych sformułowań, którym nadaje wymiar duchowy. Przykład? Bardzo proszę. *Niech to szlag pobożny trafi!* (śmiech).

Jak twoi koledzy czy koleżanki zareagowali na to, że przygotowujesz rozmowę z ojcem Leonem Knabitem na temat śmierci? Byli zaskoczeni?

Czym? Że rozmawiam z mnichem? Benedyktynem? Jednym z najstarszych blogerów polskiego Internetu? Człowiekiem, który korespondował z Janem Pawłem II? I że o śmierci? To chyba lepiej niż o gotowaniu. W mojej pracy rozmawiam z tymi, którzy chcą dyskutować. Nie ma w tym nic zaskakującego. Wśród tych, którzy mnie znają, nie ma zaskoczenia.

Spotkałem się z opinią jednej z użytkowniczek, że temat śmierci powinien być potraktowany poważniej; zarzuca ojcu Leonowi, że niektóre kwestie o szczególnej wadze zbywa żartem. Co sądzisz?

Musisz zapytać o to ojca Leona. W książce jest kilka momentów, w których ojciec Leon mówi „Nie wiem. Nie znam odpowiedzi na to pytanie". To chwile w naszych rozmowach, które dość paradoksalnie świadczą o dużej odpowiedzialności ojca Leona za słowo.

Myślisz, że ludzie będą chcieli czytać o śmierci?

Nie wiem. Nie myślę o tym. Przeprowadziliśmy dwanaście szczerych rozmów. Bez retuszu, bez patosu. Pobocznym tematem książki jest opowieść o samym ojcu Leonie, o sposobie, w jaki myśli; o tym, jak niektóre wątki wracają do nas jak bumerang. Chciałem czytelnikowi przybliżyć ojca Leona nie jako sędziwego mnicha, właściciela jedynej prawdy o świecie, ale Leona – człowieka z krwi i kości, z którym można normalnie rozmawiać.

Konrad Kruczkowski napisał: to książka o tym, jak żyć w świecie, w którym nic już nie jest logiczne. Nawet śmierć. Zgadzasz się?

Hmm… sparafrazowałbym nieco ironicznie, że to książka o tym, że warto rozmawiać na argumenty, nie zawsze logicznie, nawet o śmierci (śmiech).

Wydaje mi się, że mogę się pokusić na takie stwierdzenie: to nie jest książka dla starych ludzi… Co ty na to?

Nie lubię uogólnień i szufladek. Dla kogo to książka? Dla tych, którzy nie boją się pytać, chcą odpowiedzi i potrafią przyjąć nawet takie, które nie do końca będą ich satysfakcjonować. Nie ma tu prostych recept, jak żyć.

Lubisz podejmować kontrowersyjne tematy?

Lubię pytać, ponieważ wiele rzeczy mnie ciekawi. Świat mnie ciekawi, ludzie wydają mi się w większości interesujący. A temat? Jest tylko pretekstem do spotkania.

W trakcie lektury wywiadu pojawiają się naprawdę ciężkie tematy, jak na przykład kwestia kobiet, które straciły dziecko. Czy nie jest to jedno z tych pytań, na które nie ma odpowiedzi? A więc dlaczego je zadawać?

Dlaczego je zadawać ojcu Leonowi? Żeby sprawdzić, czy potrafi powiedzieć „Nie wiem". Są duchowni, którzy takiego podejścia do sprawy nie mają. Mówią wiernym patrząc z góry, z ołtarza, co dobre a co złe. Tłumaczą ci, jak masz żyć, a jeśli nie zrobisz, jak mówią, to „nie zostaniesz zbawiony". Ojciec Leon na szczęście jest normalny.

Dyskutujecie z ojcem Leonem na temat eutanazji, która zajmuje dość sporą część wywiadu. Czy i w tym przypadku można mówić o dojściu do jakichś konkretnych wniosków? Przecież powstają opasłe tomy na ten temat. W tak krótkiej formie ciężko mówić o konkretach. No, chyba że się mylę...

Ojciec Leon poruszał ten temat na swoim blogu, dlatego zdecydowałem się zapytać również o eutanazję. Nie jesteśmy naukowcami, autorami opasłych tomów danych i analiz. Rozmawiamy o tym, o czym dyskutujemy często w domu. Zazdroszczę ludziom, którzy mają gotowe recepty na każdy problem. Ja nie mam. Wiedza sprawia, że jesteśmy mądrzejsi, nie zawsze jednak podejmujemy racjonalne decyzje. Katolicy wierzą w zmartwychwstanie, a mimo wszystko boją się śmierci. Cierpią tak samo jak niewierzący.

Trochę mam niedosyt w temacie duchów – temat został zaledwie wspomniany przy okazji wywoływania zmarłych. Czy nie warto było pociągnąć dalej tej kwestii?

Masz idealny pretekst do rozmowy z ojcem Leonem na swoim blogu [uśmiech].

W kolejnej opinii, tym razem od Grzegorza Kramera SJ, pada stwierdzenie: Księża i zakonnicy bywają nudni. Jak to było w przypadku Twojej rozmowy z ojcem Leonem? Zawiewało nudą?

To raczej wyzwanie – nadążać za myślą ojca Leona, która czasem potrafi uciekać daleko od przewodniego tematu. Szkoda, że nie zapytałeś, czy księża bywają nudni.

Bywają?

Tak. Niektórzy okropnie. Spotkałem kilku, którym wydaje się, że są świetni, że mówią najlepsze kazania na świecie. To najsmutniejszy typ. Przeświadczenie o własnej nieomylności i genialności niestety rzadko idzie tu w parze z prawdziwymi umiejętnościami retora. Słuchasz i widzisz, że tam w środku nic nie ma. Są tylko słowa, słowa, słowa.

Sądzisz, że po książkę sięgnie również młode pokolenie?

Nie wiem. To pytanie do ojca Leona. Widzę, że ma grupkę dużo młodszych od siebie fanów na twitterze i na blogu, więc jest pewnie szansa. Ze swojej strony mogę zapewnić tylko, że książka jest napisana językiem przystępnym. Leonowym.

Jak do młodych mówić o starości i śmierci? Zasadniczo młode pokolenie cały czas ma przed oczami śmierć w mediach, ale i tę wirtualną.

Normalnie. Mówić normalnie. Nie oszukiwać. Sprawdzać, jakie treści oglądają szczególnie małe dzieci. Chodzi o drastyczność przekazu. Przed przemocą w nowych mediach nie uciekniesz. Można oczywiście nie korzystać z Internetu. Ale to też nie jest wyjście z sytuacji. Mnie pomagają rozsądek i umiar, czyli rzeczy, na które mam realny wpływ. Staram się rozmawiać na ten temat z moimi synami, pokazywać im zagrożenia.

Czy nie ma czegoś takiego w polskim Kościele, że często duchowni, stosując niezrozumiały teologiczny język, jeszcze bardziej komplikują pojęcie śmierci?

Nie lubię uogólnień, a ty o nie prosisz. Niektórzy księża boją się tematu. Ale my też się go boimy. Czasami mam wrażenie, że wzniosłe przemowy chronią ich i nas przed bezradnością wobec śmierci. Co można sensownego powiedzieć na pogrzebie? Nie wiem. Podziwiam ludzi, którzy potrafią to zrobić. Bez względu na to, czy są księżmi, czy nie.

Do czego doprowadziły was wspólne rozmowy z ojcem Leonem, do jakich wniosków doszliście?

Doprowadziły do powstania dwunastu rozmów, w których nie przestawialiśmy tematów, rozdziałów, nie kombinowaliśmy, by się lepiej czytało. Doszedłem do wniosku, że warto by się było spotkać jeszcze kilka razy. Zobaczyłem to już po złożeniu tekstu do Wydawnictwa. Jest taki moment w pracy nad książką, gdy wszystkie twoje pytania wydają ci się głupie, a odpowiedzi niesatysfakcjonujące. Ale „Dusza z ciała wyleciała" to zapis spotkania laika i zakonnika, a nie encyklopedia wiedzy o śmierci. I niech tak zostanie.

Boisz się śmierci?

Coraz mniej. Boję się cierpienia, które nie uszlachetnia. Boję się starości. Boję się uwięzienia w ciele. A jak będzie?

Boję się, że najbliższa mi osoba umrze przede mną. Zobaczymy.

Uważasz, że śmierć może być zabawna?

Nie przepadam za słowem „zabawna". Ale na pewno nie chciałbym żałobnego patosu na własnym pogrzebie. Śmieszne wydaje mi się przywiązywanie nadmiernej wagi do elementów związanych z ceremonią pogrzebową. Widzę, że to ciągle problem, nie myślimy o tym, co się stało, tylko jak będzie wyglądało, co powiedzą sąsiedzi.

Czy możesz powiedzieć, że książka „Dusza z ciała wyleciała" daje jakąś nadzieję? A może lepsze, bardziej pogodne spojrzenie na rzeczy ostateczne?

Taką mam nadzieję, że z balonika zabobonów, przesądów i patetycznych fraz związanych ze śmiercią udało się nam spuścić nieco powietrza.

Dziękuję za rozmowę.

ROBERT KRAWCZYK

Urodzony 3 stycznia 1972 r. w Krakowie. O sobie pisze: „urodziłem się w bardzo szczęśliwej rodzinie – skromnej, normalnej i bardzo szczęśliwej. Zajmowałem się w życiu wieloma rzeczami, które niewątpliwie pod wieloma względami bardzo mnie ubogaciły, wiem jednak, że moją największą pasją, którą chcę cały czas pogłębiać, jest f o t o g r a f i a. By fotografować, nie wystarczy dobry sprzęt – twierdzi Robert – lecz trzeba widzieć; nie tyle liczy się to, co widzimy, a to, jak widzimy".

Wiem, że aby fotografować, nie wystarczy dobry sprzęt, lecz umiejętność patrzenia. Liczy się nie tyle to, co widzimy, lecz jak widzimy (Robert Krawczyk)

UCHWYCIĆ PIĘKNO CZŁOWIEKA

O PASJI FOTOGRAFOWANIA

Lubię ciekawych ludzi. Szarość „ludzka", mimo swojej palety odcieni, raczej mnie nie interesuje. Natomiast kolory życia, pasja – to jest coś, czego staram się pilnować i teraz przyszła pora na przedstawienie fotografii. Uchwycenie tego, co piękne, co trwa tylko chwilę; wyraz twarzy, który już się nie powtórzy, sytuacja, promień jedyny w swoim rodzaju, układ taki, a nie inny... Spontaniczność gra tutaj niezwykłą rolę. Według mnie fotograf to człowiek chwili. Podobnie jak w medytacji zatrzymujemy się i trwamy w chwili, i tutaj jest zachwyt z taką a nie inną scenerią. Radość chwili mamy okazję oglądać wielokrotnie...

Z Robertem Krawczykiem miałem okazję spotkać się pierwszy raz w związku z akcją promocyjną Małopolski – to znany Wam temat, „Młodość to stan ducha", połączony z promocją regionu i ŚDM, w której wziął udział ojciec Leon Knabit OSB jako główny bohater całego pozytywnego zamieszania. Robert jest autorem znanych zdjęć ojca z czerwonymi koralami, które znalazły się nie tylko na plakatach, grafikach internetowych, ale również w książce „Młodość to nie tylko wiek. Młodość to stan ducha". I tak nawiązała się nić znajomości, która trwa cały czas. Z Robertem współpracuję nadal, jego piękne zdjęcia zdobią nasze książki, dzięki nim mogę projektować coraz to nowe okładki. W zdjęciach Roberta Krawczyka jest takie coś, co wywołuje u mnie „dobry niepokój twórczy"; to swego rodzaju inspiracje, dzięki którym mogę iść dalej w tworzeniu czegoś ciekawego, co ma klimat i jakość. O tej pasji chciałbym dzisiaj porozmawiać...

***Jacek Zelek:** Napisałeś na swojej stronie: „Moje życie związane jest z tym, co piękne i warte podglądania". Czy jest możliwe uchwycenie Piękna, tym bardziej jeśli chodzi o piękno człowieka? To takie ulotne pojęcie...*

Robert Krawczyk: Pozwolisz, że nieco rozwinę tę myśl. Ktoś powie, że patrzę na życie przez różowe okulary. Gdy obcuję z naturą, to wiem, że to wszystko żyje, dotykam trawy, rozmawiam z owadami, roślinami, przytulam się do drzew, moczę ręce w wodzie i mówię, że „bez ciebie nie ma życia". Uwrażliwiam swoich synów na to i często rozmawiamy na tematy ekologii, szanowania tego, co nam daje nasza planeta. To natura maluje obrazy jak z bajki. Tu wszystko jest piękne. Sięgając pamięcią do szkoły podstawowej przypominam sobie, że już wtedy wyrażałem swoje emocje w rysunkach; byłem i jestem „wrażliwcem", ale wtedy nie zdawałem sobie z tego sprawy. Moja ukochana wychowawczyni – a dodam, że była jak matka i uczyła mnie historii oraz plastyki – pewnego razu powiedziała takie zdanie, gdy oddałem jej jedną ze swoich prac: „patrzysz na świat duszą". Zapytałem: „co to znaczy?". Odpowiedziała: „dostrzegasz detale i widzisz to, czego nie widzą inni". We wszystkim jest piękno, trzeba je umieć pokazać. Ja cały czas obserwuję wszystko i wszędzie.

Mając na myśli człowieka i jego piękno, biorę pod uwagę jego emocje i wygląd w danej chwili. Nieważne, ile ma lat, jakiej jest płci i narodowości. Ważne jest umiejętne i estetyczne pokazanie tego, co obserwuję w danym człowieku.

Gdy widzę spracowane dłonie, to myślę sobie, ile musiały doznać znoju pracy, by tak wyglądać. Gdy widzę smutne i szkliste oczy, zadaję kolejne pytanie: ile smutku ten człowiek otrzymał od życia. Gdy widzę uśmiechniętego i rozpromienionego człowieka, też nie jest to pozostawione bez jakiejkolwiek myśli. Jedni spotykają ludzi i tylko z nimi rozmawiają, natomiast w mojej głowie dodatkowo malują się obrazy. W każdym jest to „coś", czego często nie da się wyrazić słowami, racjonalnie.

W tytule rozmowy użyłem określenia: „uchwycić piękno człowieka". Czy jest taki moment, że patrząc w obiektyw możesz powiedzieć: „to jest ten moment, ta chwila". Można tutaj mówić o intuicji fotografa?

TAK, to jest ten moment. Przykładem była moja 93-letnia babcia Felicja, której kiedyś postanowiłem zrobić kilka zdjęć podczas odwiedzin u niej. Gdy byliśmy sami, często żaliła się na życie, płakała, ale też się i uśmiechała, a ja tylko słuchałem. Mój aparat nie był przy oku, a leżał oparty gdzieś, tak by jej nie dezorientował. Zdjęcia różnie były kadrowane, ale pokazywały prawdziwe emocje, które chwytały niejednego za serce. Otrzymywałem pytania: jak utrafiałem te momenty? Niewątpliwie to musi być intuicja, i często o zrobieniu dobrego zdjęcia decydują ułamki sekund. Innym przykładem jest zdjęcie ojca Leona w czerwonych koralach.

Miałem okazję rozmawiać z autorkami podręcznika „Piękna Litera". Kaligrafia to sztuka pięknego pisania. A więc fotografia to sztuka…

Niewątpliwie, jest to sztuka. Według mnie są fotografowie, którzy uprawiają prawdziwą sztukę, a są tacy, co podchodzą do tego schematycznie, bez jakiegokolwiek czucia i emocji. Co jest tego przyczyną, nie wiem. Natomiast wiem, że nigdy nie rozwiną skrzydeł, tylko będą tkwić w punkcie, w którym utknęli. By się rozwijać, należy szukać własnego stylu i uruchomić kreatywność, oglądać prace innych i inspirować się. Nie wolno tego mylić z kopiowaniem.

Od ilu lat fotografujesz?

Nie pamiętam (śmiech). Wychowałem się na kliszy, ale gdy miałem już swój pierwszy aparat, to i tak więcej szkicowałem ołówkiem czy węglem, aniżeli fotografowałem. Gdy robiłem zdjęcia, to głównie rodzinie i znajomym. Moja ewolucja fotograficzna tak naprawdę rozpoczęła się w roku 2009 w KAFie (Krakowska Akademia Fotografii) pod skrzydłami wielu znakomitości i autorytetów w tej dziedzinie. To już tam kilku wykładowców zwróciło uwagę na moje prace, i kiedyś Łukasz Trzciński powiedział mi, bym nie zmarnował talentu. Bardzo zapadło mi to w pamięci. Oczywiście, to był dopiero początek, gdy moje fotograficzne ukierunkowanie zaczynało się kształtować.

Możesz o sobie powiedzieć: perfekcjonista?

Raczej nie, choć można by pokusić się o takie stwierdzenie. Dzisiaj staram się być skrupulatny, zwracać uwagę na detale i szanować czas tak swój, jak i innych. Lubię mieć wszystko dopięte na ostatni guzik, ale traktuję życie spontanicznie, i zawdzięczam to mojej żonie Ani. Nie da się żyć schematem, czy to w życiu rodzinnym, czy zawodowym. To musiałoby być okropne.

Sama kwestia perfekcjonizmu jest niezwykle ciekawa, ponieważ jest to ciągłe „niezadowolenie twórcze", raczej pozytywna cecha, dzięki której nie można mówić o wypaleniu zawodowym.

Ja ciągle szukam inspiracji, mam głowę pełną pomysłów. Gdy dłużej nie fotografuję, popadam w melancholię. Jestem w swoim żywiole, gdy poznaję nowych ludzi, od których czerpię inspiracje. Nowe miejsca są również takim bodźcem inspiracji. Przez różnorodność zleceń, ta praca jest spełnieniem marzeń i chyba nie ma mowy o wypaleniu zawodowym. Cieszy mnie fakt, że zapisuję historie ludzi, miejsc i wydarzeń i że będę mógł coś pozostawić po sobie.

Bywa tak, że pasja fotografowania miesza się ze zwykłą rzeczywistością zawodową. Czy jest u Ciebie rozdział pomiędzy tymi dwoma rzeczywistościami, czy też starasz się to wszystko organicznie łączyć?

Tutaj odpowiem jednym zdaniem: staram się to organicznie łączyć.

A co ze sferą prywatną, rodzinną? Nie ma tutaj jakiegoś zgrzytu?

Jestem szczęściarzem, bo zarówno moi rodzice, jak i dziadkowie byli dla mnie prawdziwą rodziną, gdy byłem mały i gdy dorastałem. To samo mogę powiedzieć o moich teściach, którzy są dla mnie prawdziwymi drugimi rodzicami. Moja żona Ania inaczej stąpa po ziemi (śmiech), ale dzięki niej nauczyłem się życie traktować jak piękną chwilę, bo jest krótkie i zbyt piękne, by ciągle się zamartwiać. Bardzo korzystamy z życia razem z dziećmi. To moja żona i dzieci mnie wspierają, wierzą we mnie i pozwalają na to, bym fotografią zarabiał na życie. Nie zawsze jest lekko, bo konkurencja jest bardzo duża i z wieloletnim doświadczeniem. Często jest tłusto, ale bywa i bardzo skromnie. Ja nie mam miesięcznych wypłat. Nie ukrywam, że głównym motorem rodziny w tej kwestii jest moja żona.

Wolny czas pożytkuję, by zrobić coś przy domu czy załatwić sprawy z dziećmi. Nie potrafię tkwić w bezczynności, to zabija. Chcę też powiedzieć, że otaczam się całym mnóstwem wspaniałych ludzi, znajomych czy przyjaciół, którzy we mnie wierzą i mnie niejednokrotnie wspierają. Ci, co mnie znają, wiedzą, że potrafię zjednywać sobie ludzi (uśmiech).

Co jest Twoim tzw. konikiem, jeśli chodzi o fotografię?

Teraz już wiem, że ukształtowanie swojej wrażliwości w odpowiednim temacie fotografii to długotrwały proces. Jedni osiadają w jednym temacie, inni zaś w kilku dziedzinach fotografii. Od chwili, kiedy chwyciłem aparat do ręki po raz pierwszy, tematem przewodnim była natura, pejzaże, i nadal to lubię. Ale główną dziedziną fotografii pozostanie człowiek, czyli reportaż i portret. Każde ważne dla człowieka wydarzenie, jak proza jego życia. Natomiast bardzo dobrze czuję się w fotografii modowej, stylizacjach, fotografii do kampanii reklamowych. Uwielbiam pracę z dziećmi oraz od niedawna pasjonuje mnie architektura. Mam wrażenie, że w dzisiejszych czasach trudno żyć fotografowi z jednego rodzaju fotografii.

Interesuje mnie Twój warsztat. Masz swoje studio? Jakiego używasz sprzętu?

Mój warsztat to przede wszystkim zdobyta i nadal zdobywana wiedza. Nie tak wiele książek, ale więcej wykładów, warsztatów i praktycznego zastosowania oraz spotykania na mej drodze mądrych ludzi, od których się uczę i z którymi wymieniam doświadczeniami.

Moim marzeniem było, i chyba nadal jest, posiadać własne studio, lecz niestety, są to spore koszty. Gdybym miał własny lokal, to już dawno by ono istniało. Życie pokazało szybko, że nie jest ono mi aż tak bardzo potrzebne. Jeśli już jest potrzebne, to podnajmuję: tak działa wielu fotografów w Polsce i na świecie. Więcej pracuję w terenie lub dla potrzeb np. dzieci czy rodzin i daję sobie całkiem dobrze radę w domowych warunkach. Chciałbym, aby było to bardzo profesjonalne, ale nie zawsze się tak da. Wielu ludzi docenia właśnie to, że mają domowe warunki, bo nie brakuje im niczego – w innej sytuacji czuliby się źle.

Jeśli chodzi o sprzęt, niewątpliwie jest on bardzo potrzebny i, niestety, bardzo drogi. Ja wciąż inwestuję w sprzęt. Niemniej jednak zawsze powtarzam: to nie sprzęt jest istotą, a głowa. Sprzęt pozwala nam na uzyskanie wysokiej jakości efektu końcowego i daje nam możliwości techniczne. W dzisiejszych czasach sprzęt wielu firm jest naprawdę bardzo wysokiej klasy, dlatego częste „doktoryzowanie" się, jaką markę wybrać, jest mniej istotne.

Co byś polecił na start dla młodego fotografa?

Dobre pytanie zadałeś. Gdy czytam niekiedy fora, blogi, gdzie młodzi ludzie pytają, co kupić na początek, to każdemu z osobna chciałbym powiedzieć: zainwestuj w wiedzę – najlepiej tę praktyczną, czyli warsztaty, kursy – oraz oglądaj prace innych fotografów. Zadaj sobie pytanie, jaka dziedzina fotografii cię pasjonuje. Czy masz odpowiednią wiedzę z zakresu posługiwania się aparatem i jego funkcją, głównie manualną, czy masz pojęcie o kompozycji obrazu itd. Wielu młodych ludzi myśli, że gdy kupią aparat, to na dzień następny pojawią się pierwsze zlecenia: mówię o tych, co chcieliby zarabiać fotografią na życie. Niestety, jest to bardzo długotrwały proces, na który trzeba sobie zapracować.

Druga sprawa to sam proces robienia zdjęcia. Jak to jest? Dostajesz jakiś temat i w tej samej chwili masz wizję całości? Czy też potrzebujesz na to więcej czasu, zastanowienia?

To zależy od człowieka, jak bardzo jest kreatywny, jak wiele ma pomysłów. Nie tyle muszę, co chcę mieć czas do przemyślenia tematu. Inna sprawa, gdy pracuję pod presją czasu, jest np. sporo ludzi na planie i trzeba coś wymyślić na poczekaniu. Jeszcze inaczej jest, gdy stanie się coś nieprzewidzianego, co pozwala mi natychmiast zareagować, by uchwycić dany moment.

Bywa, że nie masz weny? Jak sobie wtedy radzisz?

Oczywiście, że nieraz nie mam weny twórczej. Myśli mi gdzieś kołują w głowie i brak mi pomysłu. Do tej pory dobrze dawałem sobie z tym radę. Nie zadowala mnie bylejakość, bo pracuję na swoje nazwisko, by móc zaistnieć w świecie fotografii. Wiem, że na tym świecie nie jestem sam, dlatego proszę opatrzność Bożą o pomoc w każdej mojej pracy, w każdej czynności, którą wykonuję. Wtedy też wspierają mnie najbliżsi.

Teraz coś trudnego. Opowiedz o swoim najciekawszym projekcie.

Miałem mniejsze lub większe prace, ale i projekty. Najciekawszym do tej pory był projekt ukazujący piękno Małopolski w 2016 roku. Nie tej powszechnie znanej i widzianej, lecz tej, do której należało dopiero dotrzeć. Praca marzeń dla niejednego fotografa. Wtedy niewątpliwie trzeba było się wykazać kreatywnością, zwłaszcza że projekt był realizowany w początkowych miesiącach roku, gdy nie było zimy ani wiosny, więc innymi słowy: szaro, buro i ponuro. W miejscach, do których dotarłem, otwierano mi wiele drzwi z grzecznością i kulturą: one sprawiły, że powstały nie tylko zdjęcia, ale zachował się również opowiedziany klimat tych miejsc i rozmów z ludźmi. Ten projekt pozostanie ze mną w pamięci do końca życia, a efektem końcowym jest autorski album o Małopolsce, który dzięki Urzędowi Marszałkowskiemu został wydany.

W przypadku „uchwycenia" człowieka niezwykle ważna jest czujność. W końcu chodzi tutaj o zarejestrowanie tego właściwego, ulotnego momentu.

We wcześniejszych odpowiedziach wspominałem o tym, ale podkreślę, że jest to niewiarygodnie ważne: CZUJNOŚĆ i bycie gotowym do zrobienia zdjęcia. W przypadku reportaży, często inni ludzie, którzy robią zdjęcia danego miejsca, chcą uniknąć innych osób w kadrze. Ja od dłuższego czasu wręcz oczekuję, by ci ludzie weszli w ten kadr, lecz w odpowiednim momencie.

A jak się czujesz w robieniu reportaży fotograficznych?

Kontynuując myśl o reportażu, jest on jednym z moich koników i nigdy z niego nie zrezygnuję. Ogromnie szanuję ludzi i ich prywatność i nie należę do fotografów, którzy za wszelką cenę wchodzą w – przysłowiowych – butach w czyjeś życie, by zrobić zdjęcie. Dlatego chyba nie umiałbym pracować w gazecie, gdzie na to się nie zwraca uwagi. Z reguły chcę od kogoś uzyskać pozwolenie na uwiecznienie danego momentu, ale nie jest to regułą, bo nie zawsze jest taka możliwość.

W przypadku reportaży zawsze uderzał mnie naturalizm obrazów, w których ukazany jest dramat człowieka. Jedno zdjęcie może zupełnie zmienić świadomość.

Oczywiście, że tak. Mnie osobiście nie zależy na pokazaniu dramatu człowieka jako obrazu, który uwłacza jego godności, czy obrazu, który będzie dla mnie tylko tematem do chełpienia się nim. Zależy mi na pokazaniu i zmianie świadomości innych ludzi.

Jest również skrajność, czyli naturalizm bez granic w postaci pornografii. Trzeba tutaj wyraźnie postawić granicę między sztuką aktu a tandetnym ukazywaniem „zwierzęcej, pustej" strony człowieka.

Zdecydowanie trzeba taką granicę postawić. Ja w fotografii kobiet często spotykam się z zapytaniem o akt. Natomiast w głównej mierze wykonuję zdjęcia o tematyce „nagość zakryta", gdzie niedopowiedzenie jest smaczne i pełne estetyki. Nie ma tam miejsca na wulgaryzm i brak smaku. Ja mam taki styl, a innych staram się nie oceniać, bo każdy ma swoją drogę.

Nieco statystyki. Jesteś w stanie określić, ile zrobiłeś do tej pory zdjęć w swojej karierze? Przynajmniej w przybliżeniu…

Zacytuję ojca Leona: „Zawsze byłem zły z matematyki" (śmiech). Nie umiem tego nawet bardzo w przybliżeniu powiedzieć, ale wiem jedno: jeszcze więcej przede mną aniżeli za mną.

Słyszałem o takiej zasadzie: „robię 100 zdjęć i potem wybieram to jedno najlepsze".

Jest w tym jakaś prawda. Ja może robię 10–20 i wybieram to jedno. Wynika to bardziej z oszczędności. No właśnie, jakiej oszczędności? Kiedyś oszczędzałem kliszę, bo na niej się wychowałem, a dzisiaj? To już raczej przyzwyczajenie, choć i na pewno oszczędność czasu podczas wstępnej selekcji zdjęć. Ilość zrobionych zdjęć zależy również od tematu, nad którym pracuję. W reportażu nie ma mowy o próbach zdjęciowych: tam liczą się ułamki sekund, by uchwycić moment, i często jest to tylko jedno zdjęcie.

Dzisiaj mamy do czynienia ze światem, który pędzi. W dobie mediów społecznościowych dobre zdjęcie raczej nie wchodzi w grę, chodzi o szybkość, nie o jakość. Fotografia traci, staje się uboga.

Można tak pomyśleć, lecz należy pamiętać, że w dzisiejszym świecie tak zdjęcia, jak i filmy potrzebne są wszędzie. Może portale społecznościowe nie potrzebują jakości, ale cały biznesowy Internet potrzebuje bardzo dobrej jakości zdjęć, bo to ich wizytówka. Niewątpliwie kiedyś ta fotografia była czymś bardziej szlachetnym i wyczekiwanym, kiedyś przyjście do fotografa było pewnym wydarzeniem. Nie każdy umiał wywołać kliszę. Oczekiwaliśmy efektów zdjęć nieco dłużej aniżeli dzisiaj. Klisza nadal istnieje, lecz jest jej bardzo mało.

Za jakiś czas tradycyjna fotografia będzie szlachetną i drogą usługą.

Ciekawi mnie, jaki jest Twój stosunek do selfie? Chwytanie chwili w sposób niedoskonały…

Są ludzie wręcz uzależnieni od tego. Ja za tego typu zdjęciami nie przepadam i raczej ich nie wykonuję. Zdarzyły się odosobnione przypadki, kiedy zrobiłem sobie z kimś selfie. Oczywiście w żaden sposób tego nie krytykuję, tylko uśmiecham się gdzieś wewnętrznie.

Druga sprawa to wyreżyserowane zdjęcia. Sztuczność czy konieczność?

Raczej konieczność. Zdarza się coś reżyserować, ale to należy do rzadkości. Sztuczność to nie mój styl.

Na deser zostawiłem problem paparazzich i fotografii brukowej. Tutaj z kolei pojawia się pytanie o granice prywatności i gdzie fotograf powinien powiedzieć STOP.

To złożony temat. Byłem wiele razy w takich sytuacjach, kiedy nie umiałem „wejść w butach w czyjeś życie" i zrobić zdjęcie, więc nie jestem godnym polecenia do pracy w gazecie, gdzie wręcz potrzebują takich fotografów, którzy nie mają skrupułów. Ja w swojej naturze mówię STOP takim zachowaniom. Wielu paparazzich z tego żyje i ma się dobrze.

To nie moja bajka. Mam zakorzeniony szacunek do drugiego człowieka i jest mi z tym dobrze. Ostatnim przykładem była sytuacja w Tajlandii, kiedy to sportretowałem dwoje spośród trojga **żebrzących** ludzi na ulicy. Wszyscy byli przez kogoś okaleczeni w celach zarobkowych, by z ich żebrania ktoś czerpał pieniądze. Jeden z nich wyglądał jak nieczłowiek: moje poczucie jakiejkolwiek estetyki zostało zachwiane. Nie byłem w stanie wycelować w niego obiektywu. Nie zapomnę tego obrazu do końca życia.

Z fotografią brukową wiąże się kwestia etyki.

Poniekąd odpowiedziałem już na to pytanie. Nic ponad ludzką godność.

Czy fotografia musi bazować na kontrowersji? Wtedy to, co nazywało się sztuką, zamienia się w kolejny produkt machiny ekonomicznej.

Wielu sięga po kontrowersję; niekiedy zdjęcia muszą być kontrowersyjne, by przemówiły do tych, co „nie widzą". Owszem, zarabia na tym machina ekonomiczna, bo tak już ten świat jest skonstruowany. Ale nie zapominajmy, że sztuka nadal istnieje w tym dobrym kontekście, bez kontrowersji.

Jaka jest definicja dobrego zdjęcia według Roberta Krawczyka?

Robiąc zdjęcia, staram się mieć dużo pokory i dystansu do samego siebie oraz jeszcze więcej szacunku do samego procesu tworzenia. Wiem, że aby fotografować, nie wystarczy dobry sprzęt, lecz umiejętność patrzenia. Liczy się nie tyle to, co widzimy, lecz jak widzimy.

Czy jesteś w stanie wymienić 7 grzechów głównych polskiej fotografii/fotografów?

1. Wielu fotografów nie przyjmuje krytyki i nie umie jej odebrać jako dobrej lekcji.
2. Niektórzy są zbyt przewrażliwieni na punkcie samych siebie i swej twórczości.
3. Nie ma zdrowej rywalizacji, tylko dopatrywanie się na wstępie, czy ktoś nie zagraża na rynku zleceń.
4. Grzechem jest przeciąganie w nieskończoność oddawania prac końcowych, zwłaszcza tych, które są wykonywane nieodpłatnie. Brak rzetelnej komunikacji.
5. Brak rozwoju, obejmującego dalsze procesy tworzenia i częste podchodzenie do danego zlecenia w sposób schematyczny, sztampowy.
6. Gdy ktoś się pomyli, to słowo „przepraszam" albo dla niego nie istnieje wcale, albo jest mu je bardzo ciężko z siebie wydusić. Ale to dotyczy nie tylko fotografów (śmiech).

7. Na koniec chcę tylko dodać, i jest to przykre, że w Polsce trudno się wybić; bardziej docenianym jest się w innych krajach.

Spotkałem się również z pewną pretensjonalnością, co uważam za efekt wzajemnego niezrozumienia. Trochę to jest tak, że artyści są święcie przekonani o tym, iż wszyscy wokół żyją w takiej samej rzeczywistości jak oni i w taki sam sposób postrzegają świat. A wystarczy tylko porozmawiać?...

Trafne spostrzeżenie o postrzeganiu świata. Umiejmy rozmawiać nie tylko o radościach, ale i o problemach... Powtarzam to często. Ja na wszystkim się nie znam, często sam mam problemy, jak dany temat podjąć, więc dopytuję innych.

Nie bójmy się rozmawiać!

Innym rozwiązaniem jest nabycie pokory i dystansu do samego siebie.

Nie trzeba tego chyba zbytnio rozwijać. Wszyscy, co mnie znają, wiedzą, że jestem raczej skromnym człowiekiem. Ja zawsze proszę Boga o pokorę w życiu, jak i w samym procesie tworzenia, bym wywiązał się należycie z danego mi zadania. Umiem się z siebie śmiać i nie biorę wszystkiego zbytnio do siebie oraz umiem przyjąć konstruktywną krytykę i wyciągnąć z niej wnioski.

Czy istnieje w twoim słowniku takie określenie jak „szybka sesja"? Co w sytuacji, kiedy klient potrzebuje czegoś „na wczoraj"? Podejmujesz wyzwanie czy raczej z daleka od tego typu „szybkich akcji"?

To zależy, co to za zlecenie. Wpadł ostatnio do mnie klient, który kiedyś miał sesję rodzinną, i pyta: „Panie Robercie, potrzebuję dwa zdjęcia do strony internetowej, jaki koszt i ile to potrwa?". Wiem, że mając czas, bez problemu podołam temu zadaniu, lecz z reguły umawiam się z większym wyprzedzeniem, bo też chcę się przygotować do zdjęć. Bardziej złożone tematy wymagają włączenia kreatywności i potrzebują czasu na realizację. Często zapisuję pomysły na kartce.

Interesują mnie Twoje wrażenia po sukcesie kampanii reklamowej „Młodość to stan ducha", w której brałeś udział, robiąc „koralowe" zdjęcia ojcu Leonowi. Opowiedz też nieco, jak to się stało, że zacząłeś współpracę z województwem małopolskim.

Kilka lat temu wykonałem pierwsze zdjęcia do kampanii promocyjnej „Duch Świąt pochodzi z Małopolski", w której wzięli udział Piotr Cyrwus, znany aktor i inni znani i lubiani przez internautów, m.in. Lekko Stronniczy Krytyk. Zdjęcia spodobały się. Zaraz po tym wykonałem kilka zdjęć z Mikołajem rozdającym prezenty w regionie Małopolski. Rok po tych zdjęciach zaproszono mnie do wzięcia udziału w kolejnym projekcie z cyklu Kapitał Ludzki, w którym również brał udział Piotr Cyrwus. Idąc tym torem, zaskarbiłem sobie przychylność ludzi, którym zdjęcia się spodobały. W międzyczasie wykonałem jedno zdjęcie, które miało przedstawiać inwestycje w Małopolsce i które to okazało się strzałem w dziesiątkę. Cały ten proces złożył się na to, że zaproponowano mi wykonanie zdjęć dla Małopolski ze znanym mnichem i czerwonymi koralami. Oczywiście padło pytanie, czy się zgodzi na korale. Zdjęcia miały być do kalendarza. Gdy już wykonywałem zdjęcia, cieszyłem się, że Leon nie pozuje, tylko jest naturalny w tym, co robi. Wiele kadrów wydawało mi się pięknych. Postanowiłem zaprosić ojca Leona na tynieckie schody, na których miał usiąść. Nie wszyscy wierzyli, że to zrobi, ale udało się. Usiadł i nadal przemawiał. Ja nie traciłem czasu i robiłem zdjęcia, które były coraz bardziej wymowne w przekazie. Cieszyłem się z materiału. Na koniec zdjęć, gdy się żegnaliśmy i następował uścisk dłoni, mający duży dystans do siebie mnich, rozpiął habit i pokazał koszulkę ze słynnym napisem KEEP CALM AND ORA ET LABORA. Ani chwili nie czekając, chwyciłem aparat, którego nie schowałem, i zrobiłem to jedyne zdjęcie, które okazało się hitem. Tak powstają często perełki (śmiech). Nie ukrywam, że efekty kampanii mnie bardzo zaskoczyły, bo było to zdjęcie bardzo rozpoznawalne. Otrzymywałem całe mnóstwo zapytań od redakcji radiowych, od wydawnictw itp. Cieszyłem się, że to ja mogłem się przyczynić do tego sukcesu. Teraz, dzwoniąc do ojca Leona, zawsze mogę liczyć na jego przychylność, bo nasza znajomość się nie zakończyła, a to rzecz bezcenna.

Słyszałem, że szykujesz się do projektu z Aleksandrem Dobą? Sport, kajak, ustalanie rekordów; jakieś szczegóły?

Nie chcę niczego zapeszać, ale to przykład na to, że nie wszystkim woda sodowa uderzyła do głowy. Jestem pod wrażeniem pana Aleksandra, który w zwykłych czynnościach jest normalnym i ciepłym człowiekiem. Nie poznaliśmy się osobiście, ale wystarczyły telefony, e-maile, które wiele mogą powiedzieć o człowieku. Czas pokaże, co razem zrobimy.

Lubisz podróżować. Nie tak dawno Azja. Co Cię urzekło?

Znajoma napisała mi na FB: „Świat jest książką i ci, którzy nie podróżują, czytają tylko jedną stronę". Ile w tym prawdy. Podróżowanie to rzecz bezcenna. Można się uzależnić i cieszę się, że moja żona jest też od tego uzależniona, i dzielimy tę pasję, razem pokazując świat naszym dzieciom. Wyjazdy niekiedy łączę, ponieważ ten zawód na to pozwala. Nie zawsze, ale czasem da się tu połączyć pracę z odpoczynkiem.

Oprócz fotografii czy jest coś jeszcze, co Ciebie pasjonuje?

Jestem człowiekiem kreatywnym: gdybym znowu zajął się czymś innym, to brakłoby mi życia. Nie pokazuję swojego CV, bo gdyby ktoś je przeczytał, to nie uwierzyłby, że można się w życiu tyloma rzeczami zajmować. Miałem firmę reklamową, zajmowałem się masażem, miałem również firmę cateringową, ale przyjmowałem też i inne zlecenia, w ramach których urządzałem ludziom mieszkania, doradzałem w kwestiach estetyki, nie bałem się chwycić łopaty i kopać w ziemi – lecz nie w branży budowlanej, a raczej sadowniczej, choć wszystkie remonty w domu w 90% wykonuję sam.

Plany na przyszłość?

Kocham żyć i pomagać innym. Patrzeć na moje dzieci, które niosą dobro dalej. To moje szczęście. Poza tym moja kochana żona wspiera mnie, wspiera mnie wielu ludzi i wiedzą, że ja kocham fotografię. Chcę coś pozostawić po sobie, jakiś dorobek. Póki zdrowia wystarczy, chcę się nadal rozwijać w tej dziedzinie, nie zostawiając rodziny na planie dalszym, bo są oni dla mnie bezcenni. Jedynie Bóg wie, jaka będzie moja dalsza droga.

Dziękuję za rozmowę.

BIBLIOGRAFIA

Leon Knabit OSB

L. Knabit OSB, *Być ludźmi*, Kraków 2010.

L. Knabit OSB, Ł. Wojtusik, *Dusza z ciała wyleciała. Rozmowy o śmierci i nie tylko*, Kraków 2016.

L. Knabit OSB, *Jakby Boga nie było. O nowych grzechach i bożkach z o. Leonem rozmawia Agnieszka Nieć*, Kraków 2010.

Ojca Leona mysli na dobry dzień, Kraków 2015[2].

Ojca Leona różowe okulary, Kraków 2007[4].

Ojca Leona słów kilka, Kraków 2014.

Rekolekcje z ojcem Leonem, Kraków 2016.

L. Knabit OSB, *Młodość to nie tylko wiek, młodość to stan ducha*, Kraków 2016.

L. Knabit OSB, *Módl się i pracuj, nie bądź smutny*, Kraków 2016.

L. Knabit OSB, *Przestań narzekać, zacznij żyć (część 1)*, Kraków 2017.

L. Knabit OSB, *Przestań narzekać, zacznij żyć (część 2)*, Kraków 2017.

L. Knabit OSB, *Powołanie – i co dalej? Z o. Leonem rozmawia Dorota Mazur*, Kraków 2017.

L. Knabit OSB, *Radość ewangeliczna*, Kraków 2015.

L. Knabit OSB, *Sądy kapturowe*, Kraków 2013[2].

L. Knabit OSB, *Spotkania z Wujkiem Karolem*, Kraków 2012.

L. Knabit OSB, *Weź się w garść, bądź święty*, Kraków 2015.

Szymon Hiżycki OSB

Sz. Hiżycki OSB, *Kierownictwo duchowe według Ojców Pustyni*, Kraków 2012.

Sz. Hiżycki OSB, *Pomiędzy grzechem a myślą*, Kraków 2015.

Sz. Hiżycki OSB, *Medalik św. Benedykta*, Kraków 2011.

Sz. Hiżycki OSB, *Modlitwa Jezusowa. Bardzo krótkie wprowadzenie*, Kraków 2016.

Ewa Landowska, Barbara Bodziony

Ewa Landowska, Barbara Bodziony, *Piękna Litera. Uncjała, italika,* Kraków 2017.

Ewa Landowska, Barbara Bodziony, *Piękna Litera. Minuskuła karolińska, Copperplate script* (w przygotowaniu).

Łukasz Wojtusik

L. Knabit OSB, Ł. Wojtusik, *Dusza z ciała wyleciała. Rozmowy o śmierci i nie tylko*, Kraków 2016.

Jacek Zelek

J. Zelek, *Ponad podziałami... Ponad kastami...*, Kraków 2017.

Sz. Hiżycki OSB, J. Zelek, *Jak żyć według Ojców Pustyni?*, Kraków 2017.